中國現代文學名家傳記叢書

季進著

圍城裡的智者——錢鍾書

陳信元
張堂錡 策劃

文史哲出版社印行

國家圖書館出版品預行編目資料

圍城裡的智者：錢鍾書 / 季進著. -- 初版. -- 臺北市：文史哲,民 91
面： 公分--(中國現代文學名家傳記叢書;7)
參考書目：面
ISBN 957-549-407-5 (平裝)

1.錢鍾書 – 傳記 2.中國文學 – 傳記

782.886 90023157

中國現代文學名家傳記叢書 ⑦

陳信元・張堂錡策劃

圍城裡的智者：錢鍾書

著　者：季　進
出版者：文史哲出版社
http://www.lapen.com.tw
登記證字號：行政院新聞局版臺業字五三三七號
發行人：彭正雄
發行所：文史哲出版社
印刷者：文史哲出版社
臺北市羅斯福路一段七十二巷四號
郵政劃撥帳號：一六一八〇一七五
電話 886-2-23511028・傳真 886-2-23965656

實價新臺幣二八〇元

中華民國九十一年(2002)一月初版

ISBN 957-549-407-5

圍城裡的智者——
錢鍾書
陳信元
張堂錡 策劃
季 進 著
文史哲出版社

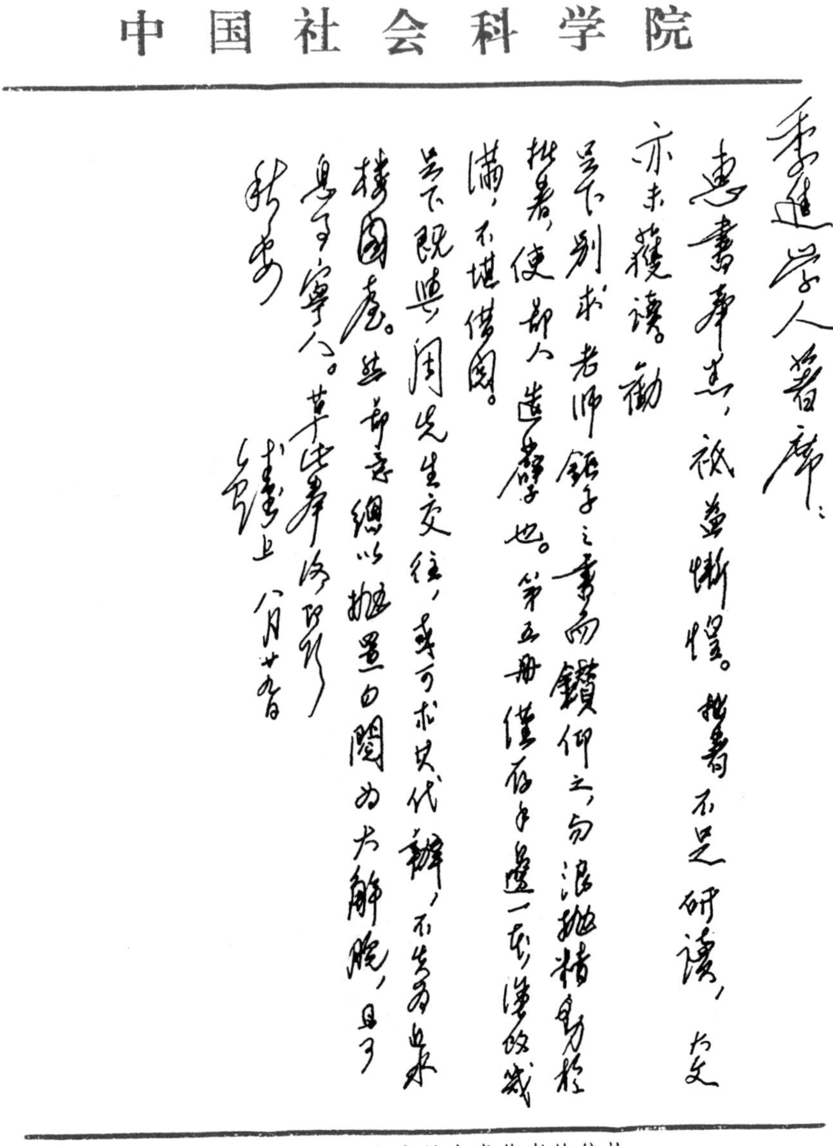

中国社会科学院

季進學人著席：

惠書奉悉，祇益慚惶。拙著不足研讀，大文亦未獲讀。勸足下別求老師鉅子之專而鑽仰之，勿浪拋精力於拙著，使鄙人造孽也。第五冊僅存手邊一套，塗改幾滿，不堪借閱。足下既與周先生交往，專可求其代辦，不必爲此求樓閣處。然鄙意總以拋置勿閱爲大解脫，且可息事寧人。草此奉復，即頌

秋安

錢鍾書上　八月廿九日

錢鍾書於 1992 年寫給本書作者的信札

錢鍾書於 1989 年手書「柔安靜樂」予陳郁夫教授
（陳郁夫教授提供）

書系緣起

陳信元
張堂錡

法國詩人兼批評家聖伯甫（Sainte Beuve，1803-1860）曾說：「在批評學上，我覺得使人讀之生快感而增見聞的，最好是替偉大的作家生動而詳實的傳記。……鑽入作家的身心、懷抱，用各種方式使其活動，並觀察他的時代、習慣及生活，這樣，才算得上是個真正的批評家。」也就是說，一個批評家如果不能進入作家的心靈世界，與作家進行一種心領神會的交流，感知其情意，認知其思想，同時對其所處時代、社會、環境種種有深刻的理解，則很難能對作品有剖析精闢的評論。因此，要理解作品，應該先了解作家，而文學傳記正是我們理解作家的重要門徑之一。一部傑出的傳記，理應是融合了作家論、作品論、歷史論、鑑賞論、批評論、創作論等多種功能、技巧或條件於一身的產物。

一個優秀的傳記文學作家，應該是傳主的真正知己，能把傳主的整個人格呈現出來；一部優秀的傳記文學作品，除了文字引人入勝外，更要使傳記中人栩栩如生，散發出動人的力量，透射出豐富的智慧。這除了要靠資料搜羅求其完備的真實性講究之外，善於運用文學技巧進行剪裁、安排、刻劃的藝術性追求，也是不可或缺的基本條件。如果能找到許多位優秀的傳記文學作家，寫出一部部兼具可讀性、史料性、藝術性的傳記文學作品，我們相信對文學研究的深化、作品的廣為流傳，甚至於創作經驗的傳承、熱情的點燃，都將會是極具正面性的嘗試與貢獻。

這是我們的心願，也是我們長期關懷文學發展的理想追求。如今，這個心願與理想，透過《中國現代文學名家傳記叢書》的企劃推出，得到了彌足珍貴的落實。說「彌足珍貴」是真的，學術作品的出版一向不受主流市場的青睞，作家傳記雖然已較通俗可讀，但和那些政治人物、影劇明星內幕八卦的「傳記」轟動上市、旋即再版的「盛況」相比，文學作家傳記確實是有些寂寞，何況相關作家的傳記在市面上已有許多不同版本在流傳，我們能推出這套叢書，若不是文史哲出版社社長彭正雄先生不計成本的支持，以及對這套叢書的內容品質，撰稿群的學養功力深具信心，這個心願是很難達成的。

打開中國現代文學史，魯迅、巴金、郁達夫、曹禺、冰心、朱自清、錢鍾書、林語堂等一連串的名家，他們的人生際遇、生命抉擇、生活型態、創作追求，構築起一座座豐盈、迷人的心靈園林，讓後人流連；他們在時代變動中所發出的光與熱、情與意，也同樣令後人仰望、懷想。他們以自己的生命、作品、藝術理想，為逝去的二十世紀刻鏤下最深刻、也最華麗的印記。他們的傳記，既是二十世紀文學史的縮影，也是現代中國知識分子心路歷程的曲折呈現。認識這些作家，不僅認識了文學，也認識了現代中國，認識了自己。

這些現代文學名家的傳記，在撰稿者秉持設身處地、還原情境、正視後果、多面探掘等原則，並採宏觀與微觀兼具、大歷史與小歷史並重的寫作態度，篇幅不求其厚長，內容卻力求其豐實生動，人物刻劃力求其準確有度的要求下，如今已呈現在讀者的面前。我們澆灌現代文學園圃的用心深意，看來已有了纍纍碩實的成果。

值此世紀回眸之際，我們祈盼新世紀的作家身影不再寂寞，文學可以迎回另一個世紀的璀璨風華。從這個角度看，這套叢書，既是回顧，也是前瞻；既是總結，也是一個好的開始了。

感謝所有的撰稿者，以及為這套書奉獻過心力的朋友。

二〇〇一年元月序於臺北

圍城裡的智者——錢鍾書

目錄

書系緣起……一

第一章　英才早慧……七

一、翩翩少年……七

二、水木清華……十五

三、光華歲月……二四

四、去國遊學……二九

第二章　返國之後……三九

一、西南聯大……三九

二、湘西藍田……四三

三、海上孤島……五二

四、圍城內外……六三
五、談藝論學……七二
第三章　歷經劫波……八一
一、重返清華……八一
二、宋詩選注……八五
三、風雨人生……九三
四、死生契闊……九九
第四章　名滿天下……一〇九
一、巨著出世……一〇九
二、震驚歐美……一一七
三、扶桑東訪……一二四
四、晚年光景……一二八
五、一代宗師……一三八
參考書目……一四五
後記……一四九

第一章　英才早慧

一、翩翩少年

「太湖三萬六千頃，渺渺茫茫浸天影；東西洞庭分兩山，幻出芙蓉翠翹嶺……」。這是唐寅在《煙波釣叟歌》中所詠唱的太湖，如黛似翠、出沒煙波的七十二峰點綴其間，將太湖妝點得分外妖嬈，千百年來文人學士詠之歎之，不絕如縷。

無錫，就坐落於太湖之濱，是一座美麗而悠久的城市。太湖包孕吳越，哺育了悠久豐厚的吳地文化，也爲無錫注入了特有的活力。近代以來，無錫就既是經濟發達的江南城市，又是名士聚集的文化名城。現代和傳統的交融形成了它的特殊品質，既講究商業利潤，又注重文化傳承。幾乎家家戶戶都在做生意，小戶人家做泥人、做油麵筋、賣豆腐、打鐵，至今「惠山泥人」、「無錫油麵筋」還是無錫的標誌性產品；大戶人家創辦了各種紡織廠、麵粉廠，形成了一支不可小視的可與外國企業相抗衡的民族實業家隊伍。他們是富有權力的紳士階層，控制著城鄉的政權和文化，既開放又保守，是一個極爲特殊的市民階層。其中最著名的家族是榮氏家族，還有秦少游的後裔秦氏家族等等，這些家族影響所及，至今還發揮著作用。

一九一〇年十一月二十一日，在無錫這個美麗富饒的土地上，誕生了讓二十世紀中國學術文化史爲之一震的一代宗師——錢鍾書。

錢家是當地有名的望族，先後出了很多名人。錢鍾書的父親錢基博就是個著名的國學大師，一生著作等身，最爲著名的是《現代中國文學史》、《中國文學史》等大著。清末狀元張謇對他很佩服，稱他是江南的才子。錢基博對自己的學問也頗爲自負，《自傳》裏說九歲便能背誦《易經》、《尚書》、《毛詩》、《周禮》、《春秋左氏傳》等等，宣稱書非三代兩漢不讀，自述「基博治學，務爲浩博無涯涘，詁經譚史，旁涉百家，抉摘利病，發其闡奧。自謂集部之學，海內罕對。子部鈎稽，亦多匡發」。錢基博這種自負後來在錢鍾書那兒倒是得到很好的繼承。

錢鍾書的母親家也是當地的大家族，曾經執二十世紀一、二十年代通俗小說之牛耳的小說名家王西神（蘊章）就是錢鍾書的親舅舅。王西神是《小說月報》的創辦人，創刊號上的《徵文通告》就出自王西神之手。他除了編刊物、寫小說之外，還治詞章、擅書法、通英語，著有《西神小說集》、《雲外珠樓集》、《雪蕉吟館集》、《鐵雲山傳奇》等等。有意思的是，錢基博《現代中國文學史》中還提及王西神，稱「餘杭徐珂仲可、淳安邵端彭次公、無錫王蘊章西神，亦皆以詞有名，年輩差次，而歸趨略同；則朱祖謀、況周頤導揚之力也。」可惜的是，他的晚境不佳，據鄭逸梅《南社叢談》中說，王西神晚年「不事家人生產，又染嗜好，晚境艱困，有墮節之嫌」，後來病死滬上。對這位舅舅，錢鍾書似乎從未提及，是否是因爲其「有墮節之嫌」，我們不得而知，但王西神的詞章小說成就對錢鍾書應該是有所觸動或影響的。

不過錢鍾書小時侯卻不是跟著父母過日子。無錫地處接受新文化的沿海，可傳統的生育觀念並沒有消除。他的大伯父錢基成三十多歲還沒有兒子，爲了保持長房香火的傳承，祖父便做主把剛出生的錢鍾書出嗣給他的大伯父。大伯父領養了錢鍾書後，對他疼愛有加，視若己出。江南多雨，錢鍾書出生那天，天空下著連綿的小雨，錢基成冒著雨跑到鄉間，找了個健壯的鄉下寡婦給錢鍾書做奶媽。這個奶媽的兒子一出生就死了，大概是受了這個事情的刺激，後來常常發呆，人們都叫她癡姆媽，其情形還眞有點象魯迅《祝福》裏的祥林嫂。錢鍾書就是吃著姆媽的奶長大的，錢鍾書結婚的時候，癡姆媽還特地買了一隻翡翠鑲金戒指，準備做禮物送給這對新人，可是有無賴哄她，說是她買的是假貨，把戒指騙走了。她本來就有點癡呆，這一刺激，就瘋了，不久就死掉了。

轉眼之間，就到了錢鍾書周歲的日子，按照舊俗舉行「抓周」的儀式。楊絳曾記述道：

鍾書周歲「抓周」，抓了一本書，因此取名「鍾書」。他出世那天，恰有人送來一部《常州先哲叢書》，伯父已為他取名「仰先」，字「哲良」。可是周歲有了「鍾書」這個學名，「仰先」就成為小名，叫作「阿先」……伯父去世後，他父親因鍾書愛胡說亂道，為他改字「默存」，叫他少說話的意思。

錢鍾書的叔叔錢基厚的回憶和楊絳的記述稍有區別，他認為「鍾書」之名剛生下來就已經取了。因為有人送來一部《常州先哲叢書》，所以祖父靈機一動，當即給孫兒取名為「書」，也切合錢氏丹桂堂的書香文采；又因為這一輩的輩分是「鍾」字輩，所以說叫「鍾書」。其實，「鍾書」的得名並不重要，只因為錢鍾書是名人，大家才考訂來考訂去，要把一切都搞清楚，要是普通的小人物，誰又在乎名字是怎麼來的呢？重要的是，「鍾書」這個名字卻點出了錢鍾書這輩子的安身立命之所，他眞的是一輩子「鍾情」於「書」，是「書」成就了這位曠世奇才，這倒是頗有點玄奧的事情。

錢基成十分疼愛錢鍾書，常常會有些讓人奇怪的舉動。他覺得自己沒出息，把希望全寄託在錢鍾書身上。錢鍾書七、八歲時，他從理髮店裏買了些頭髮，叫一位佃戶陪同，帶著錢鍾書到祖墳上去。錢家的祖墳上首的樹都很細，下首的卻很繁茂粗大，錢基成就在上首的樹根旁邊挖了坑，把頭髮埋在坑裏。錢鍾書感到很神秘，就問伯父這是幹什麼的。錢基成說，這是讓上邊的樹繁茂茁壯，保佑錢鍾書將來做個「大總統」。大總統當然不可能做到，可錢鍾書倒的確成了震爍古今的大學者。

小時候，錢鍾書就有些稚鈍，對什麼都沒個正經，專愛胡說八道。錢家人愛說他吃了癡姆媽的奶，也染了「癡氣」。無錫人說的「癡」，包括了瘋、傻、憨、稚氣、淘氣之類的意思。四歲的時候，錢基成開始教他識字，並不嚴格，說是學字，其實玩得更多。每次下午上課，上午他就帶著錢鍾書四處玩耍，進茶館、聽說書，還花一個銅板給他買一個大酥餅吃，又花二個銅板租些小說書給錢鍾書看。所以錢鍾書四書五經沒有學到多少，倒看了不少白話小說，七歲以前就把《西遊記》、《水滸傳》、《三國演義》、《說唐》、《濟公傳》、《七俠五義》看完了。他看這些書的時候，聚精會神，一動不動。有時坐在地攤上看著看著就忘記了回家，伯父出來喊他，他才戀戀不捨的回去。

錢鍾書當時就顯出了驚人的記憶力，每次看完一本書，他就回家眉飛色舞地講故事給他兩個弟弟聽，講的時候能把綠林好漢兵器的斤數都記得一清二楚。他納悶的是，一條好漢只能在一本書裏稱雄，關公若進了《說唐》，他的青龍偃月刀只有八十斤重，怎敵得過李元霸的那一對八百斤重的鐵錘頭；李元霸若進了《西遊記》，怎敵得過孫行者的一萬三千斤的金箍棒。妙的是他能把各件兵器的斤兩記得嫻熟，卻連阿拉伯數字的1、2、3都不認識。有時候，伯父還用繩子從高處掛下一團棉花，讓錢鍾書上、下、左、右地打那團棉花，說是可以「練軟功」。這些給兒時的錢鍾書帶來了很多的樂趣。

錢鍾書的伯母家姓孫，是江陰的大戶，靠做顏料生意發起來，家裏面有七八條大船，還有兩個大莊園和十多位莊客，富得不得了。小時候錢鍾書常常跟著伯父、伯母到鄉下去玩，跟著莊客到田野裏去，鄉村的風景很美，水上泊著捕魚的船隻，田野裏有各種好玩的東西，而且在鄉下又沒有人管，錢鍾書玩得非常開心。他伯母娘家的人都抽鴉片，害得他伯父也上了癮，四十八歲那年就去世了。伯父去世那天，錢鍾書還沒放學，家裏去喊他，他一路哭著趕回家，哭叫「伯伯」，伯父已不省人事。這是他生平第一次遭受的傷心事。

一九一九年，也就是五四運動的那年，錢家遷到了錫城流芳聲巷朱氏宅內。伯父會點風水，他說那房子形勢險惡，像條蛇，居住在裏面會遭遇災難，竭力反對遷居。不知道是不是這個原因，遷居不到一年，錢基厚得了重病，等病好了，錢基成卻患了重病，不久就去世了。過了幾年，錢家就搬到了七尺場他們家自建的新屋「錢繩武堂」。新屋三進宅院，約八百平方米，門前有個大照牆，照牆後有一條河從門前流過，門口很空曠，有兩棵大樹，很高的白粉牆，粉牆高處有一個個砌著鏤空花的方窗洞。「錢繩武堂」位於現在的無錫中醫院東側，經歷多少年歷史風雨的侵蝕，錢家大院已失去昔日的容顏，顯得殘舊不堪。

伯父去世時，錢鍾書已經開始懂事，並且上小學了。他和堂弟錢鍾韓在有名的東林小學讀書。東林小學是明朝東林黨人講習的地方，學校也因此得名。錢鍾書依然沒有改掉他的「癡氣」。有一次雨天上學，路上看見許多小青蛙滿地蹦跳，覺得好玩，就脫了鞋捉來放在鞋裏，抱著鞋光腳上學；到了教室裏，把盛著小青蛙的鞋子放在桌子下。上課的時候，小青蛙從鞋裏出來，滿地亂跳。同學們都忙著看青蛙，竊竊笑樂。老師問出因由，自然是免不了罰站。他混混沌沌，並不覺得羞慚。小時候他不會分辨左右，好在那時候穿布鞋，不分左右鞋。後來他到蘇州上教會中學桃塢中學的時候，穿了皮鞋，仍然不分左右亂穿。在美國人辦的學校裏，上體育課也用英語喊口號。他因爲英語好，當上了班長。可是嘴裏能用英語喊口號，兩腳卻左右不分，只當兩個星期就給老師給罷了官，他自己也如釋重負。他穿內衣或套脖的毛衣，往往前後顚倒，衣服套在脖子上只顧前後掉轉。結果還是前後顚倒了。這種「癡氣」幾乎伴隨著錢鍾書的一生。

伯父去世後，錢鍾書便回到父親的身邊。錢基博有帶孩子拜訪名家的習慣，出訪時他常將錢鍾書和錢鍾韓帶上。和錢鍾書、錢鍾韓在東林小學同過學的鄒文海，後來做了臺灣政大法學院的院長。他回憶說，錢鍾書小時侯很喜歡讀書，每次鄒文海的父親經過錢鍾書的家門都會聽到琅琅書聲，並以此教育他：「我過錢家，每回都能聽到鍾書書聲朗朗，誰像你一回家就書角都不翻了！」鄒文海很不服氣，說：「有什麼了不起，還不像我一樣，數學糟糕透頂，只有國文還馬馬虎虎。」

那時錢鍾書的國文確實非常好，已經開始接觸外國文學，對林紓翻譯的外國小說尤其喜歡，中文水平遠遠地超過了同齡的小孩。不過錢鍾書的數學差極了，人又調皮，對任何人都能胡說八道，用楊絳的話說，「是個傻頭傻腦、沒正經的孩子」。他父親很擔心，就將他的字改爲「默存」，要他少說點話。

一九二三年，錢鍾書和錢鍾韓一起考進了蘇州桃塢中學，桃塢中學是美國聖公會辦的教會學校，由外國人做校長，上課全用英語。他上課並不認眞，整天熱衷於讀英文原著、英文小說，包括《聖經》、《天演論》等著作。暑假回家也是大讀《小說世界》、《紅玫瑰》、《紫羅蘭》之類的雜誌。一九二七年，桃塢中學停辦，錢鍾書和錢鍾韓又轉回到無錫的輔仁中學。輔仁中學離家比較近，錢基博對他們可以更方便地嚴加管束。錢鍾書還常爲父親代筆寫信，由口授而代寫，由代寫信而代作文。有一次，他代父親鄉下的某大戶作了一篇墓誌銘，深得父親的讚賞。這是錢鍾書第一次得到父親的稱讚，所以一直記得清清楚楚。後來商務印書館要出錢穆的《國學概論》，錢穆請錢基博作序，錢基博也讓錢鍾書寫，寫完後錢基博竟然一個字都沒有改動，就這樣印了出來。《圍城》裏方鴻漸經常替他父親寫信和鈔藥方，大概就有錢鍾書自己的生活經歷在裏面。高中二年級的時候，學校裏舉行了一次國文、英語和數學競賽。錢鍾書得了國文和英語第一，錢鍾韓得了國文和英語第二，數學第一。錢鍾書數學天生不好，自然不會得什麼名次。這件事轟動了全校，錢家的兩個孩子讓所有的人都刮目相看，議論紛紛，也讓錢家人很是風光了一陣子。

二、水木清華

一九二九年秋天，錢鍾書和錢鍾韓兄弟兩人到北京報考清華大學。在列車上坐在他們對面的是卞之琳，卞之琳是江蘇海門人，三十年代寫出了著名的詩作《斷章》，轟動一時：

你站在橋上看風景，
看風景的人在樓上看你／明月裝飾了你的窗子，你裝飾了別人的夢。

錢鍾書和卞之琳是中國現代文學史上極具個性的作家和詩人，兩人卻不期而遇在同一節車廂，後來又成爲朋友，實在也算是佳話佳緣。

火車到了北京，錢鍾書考入清華大學外文系。不過他並非正式錄取生，他的數學只考了十五分，按照學校的規矩，進不了清華園。但是他的國文和英語特別好，主管錄取的人就把這件事報告到校長羅家倫那裏。羅家倫慧眼識珠，毅然拍板，破格錄取了錢鍾書。據說羅家倫後來還特地召見錢鍾書，錢鍾書也恭恭敬敬地鞠躬，表示謝意。錢鍾韓則同時考上了清華和上海交通大學，他最後放棄了清華，去了上海交通大學。

錢鍾書進的清華大學，眞的是人才濟濟。楊振聲是著名小說家，朱自清是聞名全國的散文家，葉公超是有名的才子詩人（據說《圍城》裏就有葉公超的影子），馮友蘭是頂尖的哲學家，吳宓是《學衡》派的領袖，倡導新人文主義，名噪一時，此外還有王文顯、陳福田、溫源寧等等。美國「新批評」的代表人物瑞恰茲（I·A·Richards）也在清華教書，還有個外籍教員溫德（R·Winter）教錢鍾書的課達兩年之久，講授考德威爾的理論著作。當年的清華人文，可謂群賢畢至。

同學裏也是高手雲集，人才輩出，跟錢鍾書關係比較密切的曹禺、吳組緗、吳晗等以後都成了大大的名人。曹禺的《雷雨》、《日出》，已經成爲中國現代戲劇的經典；吳組緗由小說創作到小說研究，也是成果卓著；吳晗則成爲著名的歷史學家，一九四九年以後更與當代中國的歷史緊緊地聯結在了一起。

在這樣的環境中，要想出人頭地，沒有扎實的功底和超人的智慧是不行的。錢鍾書在清華時非常用功，據他的同學回憶說，他在學校的四年期間，向圖書館借書的數量，沒有人能與他相比，課堂之外的用功，也沒有人能夠趕上他。所以儘管錢鍾書上課往往只帶一本和課堂沒有關係的書，但他的成績還是好得很，每次考試總是全班第一。這更滋長了少年錢鍾書的自負，不管對什麼人，什麼事，都可以任意臧否，有時甚至是尖刻的挖苦諷刺。錢鍾書在光華大學時，曾給錢基博寫了一封信，很能表現錢鍾書自信自負狂狷的性格：

賜《韓文讀語》、《駢文通義》並石遺丈爲兒詩序，一一收到。《駢文通義》詞賅義宏，而論駢文流變，矜愼不苟，尤爲精當。兒撰《文學史》中，有論駢麗數處，亦皆自信爲前人未發；略貢所見拾大人之闕遺。大人必能賞會斯言，彼作《四六叢話》者烏足以知之……即此一端，便徵兒書之精湛矣！前日又爲《世界思潮》寫一論史學文章，中間勝義，鈎深探賾，亦實爲兒書發凡起例也。兒詩擬於《文學史》脫稿後，編次付印一百小冊，費二三十元；紙張須講究，聊以自怡，不作賣品，尤不屑與人爭名也！昨日作得詩二首，風致之妙，不減前人；錄奉削正之。

錢鍾書在清華同學中很出名，許多人都很佩服他。他讀書太廣博了，簡直沒有不知道的。當時趙萬里在清華教書，給學生講目錄學，他只有二十五歲，可謂少年得志。有一次他在課上講到某本書的版本，說：「不是吹牛，這個版本只有本人見過。」

課後錢鍾書和吳晗都說：「不對啊，只有他見過嗎？我們也見過呀，而且同他介紹的不一樣！」

於是吳組緗便「挑撥」他們：「下一次你站出來講嘛，難道咱們清華無人了？」

後來，趙萬里倒也頗有雅量，本來計劃講十個題目，第一個題目就遭到挑戰，於是就留下了七八個題目給錢鍾書和吳晗講。趙萬里的學問當然不錯，可錢鍾書、吳晗竟能挑錯，讓趙萬里心服口服，這件事情迅速地在校園裏傳爲美談。

錢鍾書很喜歡和人聊天，可一般人他瞧不上，不願多聊。那時清華有個學生很特別，搞地質的，個子特別矮，坐在馬桶上，腳都不到地，可錢鍾書最喜歡跟他聊，吃飯時也在一塊聊，沒完沒了。清華學生之間來往很密切，彼此間都很熟悉。當時能夠到清華讀書的都不是一般的人，學生們多多少少總有些錢，每次下午打過球、洗過澡後，便三五一群的聚集在一起喝咖啡、酸梅湯、紅茶，還有點心。

有一次曹禺看見錢鍾書也在咖啡館裏喝茶，就慫恿吳組緗說：「錢鍾書在那邊，你還不叫他給你開英文禁書看？」吳組緗和錢鍾書的關係一直很好，他就跑過去讓錢鍾書開幾本禁書。錢鍾書隨手拿起一張紙就寫，一下寫滿正反兩面，開出了四十多本，包括了作者姓名、內容特點，讓圍觀的人看得目瞪口呆。

錢鍾書有個同學叫許振德，山東人，中學的時候也是遠近聞名的才子。他考入清華之前，每次考試都是班級裏第一，可是到了清華，這個第一就被錢鍾書搶去了。所以許振德很不高興，總想找個藉口揍一頓錢鍾書出出氣。可是有一次他有一個苦思難解的問題卻被錢鍾書輕易解答了，不禁大為佩服，也很感激，兩個人便成了形影不離的好朋友。每次上課的時候，兩個人是坐在最後一排。許振德喜歡上了班上的一名女生，上課時總忍不住盯著女同學的背影看，錢鍾書就畫了一系列的《許眼變化圖》，一時成了全班的話題。八十年代許振德從美國回國探親，來看錢鍾書，說起《許眼變化圖》，兩人還忍不住大笑一陣。

錢鍾書進中學前就已經癡迷于「林譯」小說，中學時念的又是教會學校，這些可算是他接觸西方文化的開始。到了清華外文系，專門學習西方文學，使他對西方文學的認識躍上了一個新的層面。可是他喜「西」不厭「中」、喜「新」不厭「舊」，在遨遊西方文化的同時，也閱讀了大量的中國古代名家的總集別集。當時他最喜歡做的一件事，就是找那些有箋釋的名家總集別集，把注文與本文相對照，再時時檢閱箋注所引的書籍，驗其是非，樂此不疲。由此開始形成錢鍾書跨越中西的知識結構與著述特徵。

也就是在清華期間，錢鍾書以「中書君」為筆名在《清華周刊》、《大公報》、《新月月刊》等刊物上開始發表文章，他的博學與才華得到清華師友同學的一致讚譽。當時主編《大公報．世界思潮》的張申府就宣稱：「錢默存先生乃是清華最特出的天才；簡直可以說，在現在全中國人中，天分學力也再沒有一個人能趕上他的。因爲默存的才力學力實在是絕對地罕有。」雖然這只是老師對學生不無偏愛的過譽之言，可是錢鍾書一生的成就則表明這些讚譽之言是恰如其分的。

錢鍾書的這些文章主要是書評、考證還有舊詩，既有中文，也有英文，充滿著橫溢的才氣與敏銳的見解，其中較爲重要的是《新文學源流》、《落日頌》、《作者五人》等幾篇。撇開錢鍾書的具體評論，值得注意的是三個方面：

一是它們與錢鍾書其它著作的天然聯繫。《落日頌》中有一段對神秘主義的評論：「神秘主義需要多年的性靈的滋養和潛修，……要和宇宙和人生言歸於好，要向東方和西方的包含著蒼老的智慧的聖書裏，銀色的墨色的，惝怳著拉比 Rabbi 的精靈的魔術裏找到通行入宇宙深秘處的護照，直到——直到從最微末的花瓣裏窺見了天國，最纖小的沙粒裏看出了世界，一剎那中悟徹了永生。」這段話可以說就是《談藝錄》、《管錐編》中大量論述神秘主義的先聲；《小說瑣徵》中的考據將古典筆記、小說、正史、佛典、經書、詩話、戲劇中相關資料摘錄比勘與探究，已經顯現出了錢鍾書以「打通」爲中心的治學特徵。

二是表現出早年錢鍾書對哲學的濃厚興趣，也顯示了他在哲學上高妙的思辯與分析能力。比如《新文學源流》對革命的精闢思辯：「要『革』人家的『命』，就因爲人家不肯『遵』

自己的『命』。『革命尚未成功』仍需繼續革命；等到革命成功了，便要人家遵命。這不僅文學上爲然，一切社會上政治上的革命，亦何獨不然。所以，我常說：『革命在事實上的成功，就是革命在理論上的失敗。』……」；《鬼話連篇》中對「Immortal」一詞的「不朽」與「不滅」兩層含義的辨析，就與「反」的辨析一脈相承，都是一種「奧伏赫變」的現象。儘管後來錢鍾書並沒有再在哲學方面作過專門的研究，可他的著作中卻充滿了辯證法，他一生的創作與學術也表明了他是一位偉大的哲學家，對於世界、人生、文化無所不窺，無所不精。這一點卻是歷來爲人們所忽視的。

三是已經開始形成自己博學、機智、幽默的獨特風格。我們可以借錢鍾書《作者五人》中的一段話移來評說錢鍾書自己，或者可以說是夫子自道。錢鍾書認爲桑塔耶那（錢鍾書譯爲山潭野衲，頗有出世意味），「他的詩裏，他的批評裏和他的小品文裏，都散佈著微妙的哲學，恰像他的哲學著作裏，隨處都是詩，隨處都是精妙的小品文。」而且，「他用字最講究，比喻最豐富，只是有時賣弄文筆」。這簡直就是錢鍾書風格的自身寫照。

一九三二年春天，錢鍾書認識了楊絳，這是他在清華園裏最幸福的事情，也是他在清華園裏最大的收穫。

楊絳原名楊季康，也是無錫人，比錢鍾書小一歲。她也是大戶人家出生，她的父親楊蔭杭，字補塘，筆名老圃，曾經留學日本，參加過勵志社，從事抗清活動，回國後遭到清朝政府的通緝，於是到美國去留學，獲得賓西法尼亞大學的法學碩士學位。回國後，「辛亥革命」成功，當過民國京師高等檢察長、司法部參事等職。後來定居上海，一方面做律師，是京滬有名的大律師，一方面任上海《申報》的副總編輯，寫下過大量的《時評》、《常評》。九十年代曾彙集爲厚厚一巨册《老圃遺文輯》出版，其中有些篇目和錢鍾書的《管錐編》不僅題目相同，而且內容也相似，只不過各有所見。

楊絳的三姑母就是因爲「女師大事件」而鼎鼎大名的楊蔭榆。楊蔭榆曾經是赫赫有名的鐵腕校長，獲得過美國哥倫比亞大學的碩士學位，她執掌北京女子師範大學時，引發了轟動一時的「女師大事件」，最終被學生趕下了台。魯迅的一篇《紀念劉和珍君》更是讓人記住了楊蔭榆這個人。其實，楊蔭榆個人生活很是不幸，造成了怪異孤僻的性格和行事方式。一九三五年夏天，錢鍾書和楊絳結婚時，她就穿了一身白夏布的衣裙和白皮鞋，讓來客頗感詫怪。抗戰時，她寡居蘇州，日本人佔領蘇州後，她多次出面抗議日本人的姦淫擄掠。有一天，兩個日本兵到了楊蔭榆的家裏，把她哄出來，走到一座橋上，一個士兵就向她開槍，另一個把她抛到了河中，見她沒有死，還在游動，他們就補了幾槍。褒貶不一的楊蔭榆就這樣死掉了。楊絳後來還專門寫過《回憶我的姑母》，記述了楊蔭榆更爲眞實的一面。

楊絳二十一歲就從東吳大學畢業。東吳大學創辦于上世紀初年，舊址就在如今蘇州大學的校園內，舊址的校門兩邊刻著校訓：「養天地正氣，法古今完人。」校園裏許多歐式的建築至今還保存完好。東吳大學是教會學校，很重視外語，但是學費很高，只有那些有錢人家的公子小姐才能讀得起，當時東吳法學院在全國都很有名氣。蔣介石的兒子蔣緯國就曾經在東吳大學讀過書，現在老的體育館還留著孔祥熙的題字。楊絳畢業以後，本來有機會可以出國，可是她不願出去，又考上了清華大學研究院。

她剛到清華的時候，錢鍾書已經是三年級的高材生，也是譽滿全校的大才子。因爲名氣太大，低年級的學生都見不到他，楊絳也很想見見這位才子。可是楊絳第一次見到錢鍾書的時候，錢鍾書並不是她想像中的那麼氣度翩翩、風流瀟灑，她後來回憶說，「我初識鍾書的時候，他穿一件青布大褂，一雙毛布底鞋，戴一副老式大眼鏡，一點也不『翩翩』」。儘管錢鍾書並不翩翩，但他還是很快獲得了楊絳的芳心。楊絳在清華也很出名，她的美貌豔壓群芳，被譽爲「清華校花」。據傳，她畢業之前就有數十位自認爲英俊瀟灑的男學生追逐她，可楊絳還是看上了才華橫溢的錢鍾書，演繹了又一齣「才子佳人」的愛情故事。

美好的愛情激發了錢鍾書的才情，這個期間他寫了很多纏綿悱惻的愛情詩，三十年代的《國風》雜誌曾經刊登過這樣的一首詩：「纏綿悱惻好文章，粉戀香淒足斷腸；答報情癡無別物，辛酸一把淚千行。」一看就是愛情陶醉下的產物。可惜錢鍾書後來編《槐聚詩存》時，幾乎把這些情詩都刪光了，沒有留下幾首。

等到放暑假的時候，錢鍾書回到無錫家中，壯著膽子把跟楊絳戀愛的事情告訴了老頭子，錢基博倒也沒有說什麼。有一次錢基博擅自拆了楊絳給錢鍾書的情書，放在現在，已經侵犯了他人隱私，但那時父母的權力大得很，也沒有人感到不對。錢基博一看楊絳情意綿綿的信，寫得那麼典雅含情，文彩飛揚，十分高興，提筆就給楊絳寫了封信，誇獎了她一番，明確支持她和錢鍾書的往來。這樣的事恐怕就不多見了。

幾年後，也就是一九三五年，楊絳和錢鍾書這對天造地設的新人正式走到一起，開始了嶄新的生活。

三、光華歲月

一九三三年，錢鍾書從清華大學畢業，本來學校想留下他，讓他繼續攻讀碩士學位，但是錢鍾書沒有答應。這年八月，年僅二十三歲的錢鍾書南下受聘于上海光華大學，開始了他的大學教師的生涯。

光華大學的前身是聖約翰大學，也是美國人辦的教會學校。一九二五年五卅慘案爆發，上海的學生舉行抗議活動，悼念在五卅事件中死亡的同胞，遭到了美籍校長的壓制。全校師生都很憤怒，在民族實業家的資助下另外創建了光華大學。

當時，錢鍾書的父親錢基博也在光華大學中文系任教，而且不久擔任中文系的主任，錢鍾書到光華任教，跟他父親在光華也不無關係。不過，父子兩人的教學風格很不一樣。錢基博教書非常嚴謹，上課很嚴肅，不苟言笑，學生們都有點怕他。而錢鍾書在外文系任教，他的課則頗受學生歡迎，是光華大學最受歡迎的教師之一。他上課時左手拿本牛津版的袖珍本，眼睛看著課文，旁徵博引，風趣幽默，侃侃而談，談得高興時，還下意識地用右手食指在鼻子下抹上一抹。甚至連出試題都和別人不一樣，有一次他出期終試卷，題目就叫：「What is love？」。

錢鍾書和一位叫顧獻梁的青年教師同住一室。顧獻梁也是研究文學的，一天錢鍾書看他正苦讀著一本文學批評史，便說：「這本書我以前念過，不知道現在還記不記得了？你抽出一段考考我看。」顧獻梁不相信，許多年沒有看的書還能記得？於是找出幾段艱深的段落考他，一段念個開頭，錢鍾書就能接下去，十之八九都準確無誤。顧獻梁聽了很是吃驚，佩服得不得了。

在光華大學期間，錢鍾書熱衷於寫作古體詩，在《國風》半月刊等刊物上發表了大量五言、七言舊體詩。一九三四年四月，錢鍾書還由滬北上，經泰山到北平拜訪師友，看望還在清華讀書的楊絳，發表了二十三首《北遊紀事詩》。錢鍾書從中學時代就開始寫詩，並且跟同光體的著名詩人陳衍學習寫詩，最喜歡李商隱和黃仲則的詩，所以詩風華美典雅。一九三四年秋天，他把以前寫的一些詩作選編成册，定名爲《中書君詩》，自費付印。《中書君詩》裏的詩作有些發表過，自費付印完全是爲了自己和同道的朋友欣賞，所以印數很少。

《中書君詩》印成後，錢鍾書把它分寄師友。吳宓讀到後很高興，寫了首詩表示祝賀，題目就叫《〈中書君詩〉初刊》：

才情學識誰兼具，新舊中西子竟通。
大器能成由早慧，人謀有補賴天工。
源深顧趙傳家業，氣勝蘇黃振國風。
悲劇終場吾事了，交期兩世許心同。

從詩中可以看出，吳宓對錢鍾書才情和學識的稱讚。的確，一個人同時具有才情和學識是很難的，錢鍾書不但才華橫溢，而且學識淵博，腳踏東西文化，確實是奇才。錢鍾書在《論師友詩絕句》中也有寫吳宓的一首：

亞槧歐鉛意欲兼，閑情偶賦不妨禪。

南華北史書非僻，辛苦亭林自作箋。

陳衍在《石遺室詩話續編》裏錄其詩數首，稱譽備至：「默存年方弱冠，精英文，詩文尤斐然可觀，家學自有淵源也。」陳衍是晚清詩壇大家，他的詩話，衡量古今，風行海內，不知有多少人爭相呈詩，以求得陳衍老夫子的一二句評語。陳衍把後生小子的錢鍾書讚譽成這樣，等於是給錢鍾書做了大大的廣告。陳衍作爲一代詩壇大師，後來與錢鍾書這個後生小子竟然常常可以促膝對坐，說文談詩，相互唱和。談話中，老先生是眞情依然，出語率直，渾然不顧輩分距離，想罵誰就罵誰。錢鍾書也是見縫插針，或補充，或引申，或幫腔，或助興，好不快意！六十多年後，錢鍾書把一九三三年一月的一次長談的記錄拿出來發表，名爲《石語》，一時也成暢銷之書。

一九三五年四月，錢鍾書參加教育部組織的第三屆英國庚款公費留學考試，高中榜首。四面五月十日，正好是陳衍八十生辰，在蘇州胭脂橋寓廬大擺酒宴，錢鍾書專程前往拜壽。四面八方前來祝壽的名流學者詩人濟濟一堂，其中有章太炎、李拔可、冒鶴亭、金松岑、龍榆生、范煙橋等等。屋外吹吹打打，還唱起了堂會，煞是熱鬧。席散告別，老人憮然曰：「子將西渡，余欲南歸，殘年遠道，恐此生無復見期！」錢鍾書以「金石之堅，松柏之壽，善頌善禱」加以寬慰。可事實上，石遺老先生是一語成讖！此後幾年，雖互有通信唱和，可再也沒有見面。一九三七年夏天，陳衍辭世，時在英倫的錢鍾書只得以《石遺先生挽詩》五律二首表達自己的深切懷念。

光華大學這段時期是錢鍾書舊體詩創作的繁榮時期，而其他學術性文章則寫得相對少了些，比不上清華時期，但還是發表了《論俗氣》、《論不隔》、《論復古》等有影響的白話文章。這些文章中有兩篇尤其值得注意：

一是發表在《國風半月刊》第三卷第八期的《中國文學小史序論》，《國風》是「南高學派」柳詒徵、繆鳳林等人編的刊物，和新文學刊物的關係一直很緊張，而錢鍾書似乎對這種新舊派別之爭超然得很，與新舊兩派都相安無事。這篇《中國文學小史序論》系統表述了錢鍾書早年的文學史觀，對文學的定位、文學史與文學批評的關係、「體制」與「品類」的關係、文學史的分期、作品本體觀等問題都提出了自己的見解，自出手眼，論述精闢，顯示了青年錢鍾書的敏銳卓識。

二是發表在《國風半月刊》第五卷第一期的《與張君曉峰書》，在這篇文章裏，錢鍾書對文言與白話的問題提出了自己的見解，認爲「文言白話，駸譚比美，正未容軒輊」，兩者均有其不可否認的價值，可以互爲補充。晚清以來，文言和白話之間的爭論一直沒有停止，吳宓依靠《學衡》堅守文言陣地，而胡適等人憑藉《新青年》宣傳白話運動。錢鍾書認爲白話和文言各有優劣，確實很有道理，文言簡潔，白話通俗，各自都有其長處和短處。應該說，錢鍾書的這封信對五四以來論爭不休的文言白話之爭，作出了比較公允平實的判斷。

讓人感興趣的是，錢鍾書以後的寫作也分取文言與白話兩徑，他的交友也新舊兼容，既和老夫子陳衍、李拔可等人互相唱和，又和新派文人曹禺等人關係密切。我們從他對待東西文化的態度也可以看出來，一方面他熟悉中國傳統的典籍，另一方面又熟諳外國文化，這種跨越中西、容納新舊的「中庸」的態度成了錢鍾書的文化精神和生活觀念的顯著表現。

四、去國遊學

一九三五年秋天，天朗氣清，惠風和暢，錢鍾書攜新婚夫人楊絳踏上了海外留學的道路。

這年春天錢鍾書就取得了英國庚子賠款資助的獎學金，是公費出國學習，而楊絳則是自費出去，兩人準備同赴英倫牛津。在這之前，錢鍾書的兩個兄弟錢鍾韓和錢鍾緯已經在英國留學。錢鍾書考取留學名額時，楊絳在清華還沒有畢業，就差一門功課沒考試。她就同老師商量，以論文的形式作為考試，獲得了提前畢業的資格。

也因為要趕在去國前結婚，婚禮便定在了炎熱的夏天。兩家按照舊式結婚的程序選擇了黃道吉日。可那天很不湊巧，天氣異常炎熱，害得錢鍾書和楊絳這對新人極為狼狽。錢鍾書後來還把這狼狽的婚禮場面搬到了《圍城》中蘇小姐的婚禮上，正如楊絳所說：「結婚穿黑色禮服、白領圈給汗水浸得又黃又軟的那位新郎，不是別人，正是鍾書自己。因爲我們結婚的黃道吉日是一年裏最熱的日子。我們的結婚照上，新人、伴娘、提花籃的女孩子、提紗的男孩子，一個個都像剛被警察拿獲的扒手。」

錢鍾書他們在海上漂泊了一個多月，這一個多月的漫長的海上生活，錢鍾書整天手不釋卷，埋頭讀書，倒也不覺得太枯燥，而且船上的一些人和事後來還成爲錢鍾書小說創作的素材。小說《圍城》中的鮑小姐就是根據船上的一位南洋小姐以及後來認識的幾位綜合而成的。楊絳回憶說：

> 我們出國時同船有一個富有曲線的南洋姑娘，船上的外國人對她大有興趣，把她看成東方美人。我們在牛津認識一個由未婚夫資助留學的女學生，聽說很風流。牛津有個研究英國語文的埃及女學生，皮膚黑黑的，我們兩人都覺得她很美。鮑小姐是綜合了東方美人、風流未婚妻和埃及美人而摶捏出來的。

錢鍾書就讀的學校是創立於一三一四年的埃克塞特學院（Exeter College），在那裏攻讀了兩年的英國文學課程。牛津大學以嚴謹聞名，它的博德利（Bodleian）圖書館是世界著名的大學圖書館之一，總館藏書量達四百五十萬冊，錢鍾書以解頤示莊重，曾將其館名形象地譯作「飽蠹樓」。

錢鍾書把全部的業餘時間都消耗在這座「飽蠹樓」中。錢鍾書喜歡的是遍覽群書，不僅對英國古典文學系統閱讀，對於現代派的小說家如愛略特、勞倫斯等人也很感興趣，尤其對普魯斯特（Marcel Proust）一度很著迷，《圍城》多少有一些普魯斯特作品的影響的痕跡。有一段時間，他甚至沈溺於偵探小說，以至睡覺的時候都手舞腳蹈。錢鍾書的閱讀速度很快，閱讀書籍的數量無可計數。他讀書極快，一本厚厚的非常難啃的古典哲學名著，別人需要幾個星期甚至一二個月才啃得了，他一般只需幾天就讀完了。他身邊還備有一種「秘本」，專做筆記用，他需要繁徵博引時，總是一查便得。這本秘本的使用恐怕也只有他一個知道。除了讀書和寫作，他還擔任了「牛津大學東方哲學宗教藝術叢書」的特邀編輯。

不過，在這期間錢鍾書也曾有過掛紅燈的事情。牛津的論文預考得考「版本和校勘」這門課，要辨認英國十五世紀以來很多潦草的手稿，錢鍾書對此毫無興趣，只得每天讀一本偵探小說「休養腦筋」，結果考了個不及格，只得花時間再復習，假期過後，通過補課才通過。

通過全部課程和論文預考後，就是做論文的時間了。錢鍾書的畢業論文題目是 China in the English Literature of the Seventeenth Century and the Eighteenth Century（《十七、十八世紀英國文學中的中國》）。牛津嚴謹的學風和豐富的館藏，幫助錢鍾書非常順利完成了畢業論文。他從比較文學、比較文化的視野研究英國文化中的異域文化想像，取得了意想不到的效果。

在牛津期間，還因爲寫了一篇《不夠知己》的書評，跟吳宓發生了些誤會。吳宓曾在哈佛大學比較文學系，師從美國新人文主義運動的領袖白璧德（Irving Babbitt），對白璧德的新人文主義學說極爲佩服，並終身加以實踐。後來他還參考哈佛大學比較文學系的培養方案和課程設置，制訂清華大學外文系完整的教學方案，強調培養學生對西方文化的廣博瞭解和對中國文化的相當修養，錢鍾書等人都算是他的學生。可吳宓也是個很奇怪的人，喜歡追逐女生，喜歡和人家談論自己的感情故事，問什麼，說什麼，連意中人的小名都說出來。有時幾乎成了衆口談笑的話柄。

當時溫源甯爲英文的《中國評論周刊》寫了二十多篇當代學人的小傳，全是春秋筆法，氣壞了好多人，也讓很多人捧腹絕倒。溫源甯從中挑出一部分內容，輯成一本小冊子，取名爲《不夠知己》，其中就有吳宓的小傳。溫源甯寫信要錢鍾書爲《不夠知己》寫篇英文書評，錢鍾書對吳宓的感情故事不以爲然，對他鍾情的人尤其不滿，於是自出心裁，在書評裏給吳宓的心上人取了一個雅號：super-annuated Coquette，意思是過時的喜歡賣弄風情的女人。錢鍾書對這個雅號很是得意，覺得很俏皮，卻惹得吳宓大爲不滿，在當日的日記中說「該文內容，對宓備致譏詆，極尖酸刻薄之致，而又引經據典，自詡淵博」，「使宓尤深痛憤。」五十多年後，也就是一九九三年，吳宓的女兒把吳宓日記中關於這件事的有關內容抄給錢鍾書，錢鍾書才知道當年惹得吳宓如此傷心，也不禁頗爲愧悔。

一九三七年夏天，錢鍾書獲得了牛津大學文學士（B. Litt）學位，同時還獲得了最優等的榮譽。校方本擬聘請錢鍾書爲中文講師，但他婉謝了校方好意。因爲楊絳學的是法國文學，他和楊絳已商量好，一起轉入法國巴黎大學研究院繼續進修。

一九三七年秋天，錢鍾書夫婦偕初生女兒錢媛來到了法國巴黎，入巴黎大學研究院研究法國文學。鈕先銘在《記錢鍾書夫婦》裏回憶了錢鍾書夫婦在法國的情況，那時的錢鍾書夫婦倒是十足歐化的東方人，滿口英語：

> 一九三六年，我和程思進——程天放先生的令侄，同住在巴黎多納福街的小公寓裏，位置在巴黎大學的後方，是學生的聚散地，五區又名拉丁區，本是法國的文化中心。
>
> 有一天我與思進剛走出公寓的門堂，看見一對夫婦也走近來，正用著英語在商量著想租一間公寓。都是東方人的面孔，男的留著一撮西特拉式的鬍子，女的梳的是馬桶蓋的娃娃頭。二十多歲的一對青年，這種打扮，人在法國，而說英語，眞是不倫不類！因之引起了我和思進的注意，認爲是日本人，我和思進都曾留學過日本。

這就是錢鍾書和楊季康一對夫婦。從此我們四人就做了好朋友。但時間不長，因爲錢鍾書夫婦是從英倫來度假，藉以搜集一點法國文學的資料。

我們的友誼進展很快。思進學理科，我學軍事，錢氏夫婦學文學，個人的知識有相互交流的顯現，地域跨越歐亞和日本、法國、英倫的國界，有擺不完的龍門陣！有一點是我們這四人所共同的，那就是我們對中國古典文學的欣賞。

錢鍾書夫婦在巴黎的生活比在牛津要自由輕鬆得多。他們經常去坐坐咖啡館，或者一起去逛舊書店，晚上則靜靜地在房間裏讀書。經常會有一些中國朋友來訪，象吳玉章、呂叔湘、向達、盛澄華、羅大岡、許思園等等。尤其是與無錫同鄉許思園往來尤多，當年許思園正在巴黎大學註册作哲學博士論文，他在法國的證婚人就是著名的外交家顧維鈞。錢鍾書和許思園自小就認識，可兩個談話不上兩分鐘就會爭執起來，各不相讓。據說《圍城》裏那個空頭哲學家褚愼明的原型就是許思園。不過，許思園絕不是褚愼明那樣的招搖撞騙的文人，在歷史、哲學方面頗有造詣。不過，他的晚年很是淒慘。

應該說，牛津、巴黎的三年學習和進修，使錢鍾書對歐洲文化與文學有了更深入的理解，對東方和西方文化的感悟也躍上一個新的層面，站在一個異國的土地再反觀故國文化，往往會有更深的理解。這幾年因爲忙於讀書、學業與家庭，錢鍾書除了完成學位論文外，並沒有寫很多東西，倒是看了不少書籍，瞭解了更多的西方文化，發表的文章只有一篇隨筆《談交友》和一篇論文《中國固有的文學批評的一個特點》，都發表在朱光潛主編的北平《文學雜誌》上。

尤其是《中國固有的文學批評的一個特點》這篇文章，穿越中西、繁徵博引，以西方詩學的「移情說」理論來闡釋中國傳統文評的特色，指出中國文評的特點就是「把文章通盤的人化或生命化（animism）」，不僅如此，而且「一切科學、文學、哲學、人生觀、宇宙觀的概念，無不根源著移情作用。我們對於世界的認識，不過是一種比喻的，象徵的，像煞有介事的（als ob）的詩意的認識。用一個粗淺的比喻，好像小孩子要看鏡子的光明，卻在光明裏發現了自己」。這種詩化的人文主義觀念，可以說是貫穿于錢鍾書的全部著作。詩化的人文主義和東方的天人合一的思想其實存在著內在的相似性。

三十年代的歐洲，陰雲密布，戰爭的危機已經延伸到法國。由於擔心在國外遭遇戰爭，錢鍾書他們很想早些回到祖國。正好這時，清華大學文學院院長馮友蘭寫信給錢鍾書，邀請他回清華任外國文學系教授。這在當時也算是破例的事，按清華舊例，剛回國教書只當講師，由講師升副教授，然後升爲教授。所以，錢鍾書欣然接受了清華大學外文系的聘書。

一九三八年秋天，錢鍾書夫婦攜女兒登上了返回祖國的路程。他們乘坐的是法國郵船阿多士ニ號，《圍城》的開頭就是他們歸國時候在船上看到的海上景色，楊絳回憶說，「甲板上的情景和《圍城》裏寫的很像，包括法國警官和猶太女人調情，以及中國留學生打麻將等等。」十月，錢鍾書在香港登岸，轉昆明到清華任教，那時清華已並入西南聯大。當時日本的鐵蹄已踩遍大半個中國，北平、南京都相繼淪陷。楊絳的蘇州老家被日本人搶劫一空，她的父親帶一家子到上海逃難，所以楊絳隨船繼續北上，到上海和家人團聚。

在海上的日子，錢鍾書遇到了另一個大才子冒孝魯。冒孝魯字叔子，江蘇如臯人，先祖冒辟疆是明末四公子之一，父親冒鶴亭也是近代的著名學者。冒孝魯幼承家學，少習經史，很早就顯露出過人的詩才，舊體詩深得陳三立、康有爲等前輩的讚賞。當時冒孝魯在駐蘇使館任外交秘書，奉調取道歐洲回國，正好和錢鍾書夫婦同一艘船。兩人交談之下，相見恨晚。當年錢鍾書從清華畢業的時候，本來清華想留他進研究院繼續研究英國文學，可錢鍾書一口回絕，口氣很狂的說：「整個清華，沒有一個教授有資格充當錢某人的導師！」冒孝魯也是個狂狷的才子，兩個人在海上談起蘇東坡的時候，冒孝魯說：「他還差一點。」這兩個才子意氣相投，惺惺相惜，在甲板上一邊欣賞蔚藍的大海，一邊互相唱和，談古論今，越談越投機，遂成莫逆之交。

以後的幾十年，兩人也是唱和不斷，現在的《槐聚詩存》、《叔子詩稿》就保存了大量的唱和之作，也保留了他們一生交情的生動記載。一九四七年，錢鍾書曾有對冒孝魯的詩作有所評價，足見兩人感情之深、相識之深：

叔子出示《邛都集》，江山之助，風雲之氣，詩境既拓，詩筆大漸酣放矣。東坡云「須知酣放本精微」，願君無忽斯語。與君文字定交，忽焉十載，亂離復合，各感餘生。自有麒麟之閣，賞詩不羨功名。相遺魴鯉之書，遠害要慎出入。君將南行，記此爲別，聊當車贈。

第二章　返國之後

一、西南聯大

一九三七年，「七七盧溝橋事變」爆發，中國對日抗戰全面展開，軍事、政治、文化中心隨之全線南移。八月，清華大學、北京大學、南開大學三校的師生開始向長沙遷徙，最後在昆明成立西南聯合大學。

西南聯大的文學院先是設在長沙南嶽山中，後來又遷至昆明蒙自。山中翠柏青松間映襯著紅葉，山峰的旭日赤紅如血，普照衆山，南湖翠湖總是讓人流連忘返，似乎是一個世外桃源。就在西南聯大，集聚著當時中國最優秀的一批人文學者：梅貽琦、馮友蘭、聞一多、朱自清、葉公超、沈有鼎、浦江清、柳無忌、容肇祖、羅﨤鳳、金岳霖、楊業治、吳宓、賀麟……，他們的名字幾乎構成了一部中國現代文化史、學術史、文學史。他們不可能完全忘懷於世情，也不可能有轟轟烈烈的行為選擇，但他們都以各自的學術創造和教育育人來履行著自己的文化使命。西南聯大時期雖然是生活極端艱苦，但這些學者卻奉獻了大批的學術經典，有的人還達到了自己的學術頂峰。

一九三八年，錢鍾書從香港輾轉來到了西南聯大。不過錢鍾書在聯大教書的時間並不長，只有一年的光景。這一年裏，他開過三門課程：歐洲文藝復興、當代文學和大學英語，教過的學生中不少人後來都成爲大陸外國文學研究的頂尖人才，如楊周翰、王佐良、許國璋、周玨良、李賦甯、查良錚等人。

趙端蕻回憶錢鍾書當時在西南聯大教書情景時說：

錢先生從歐洲留學回國，經吳宓先生推薦，就在西南聯大任教了。他那時才二十八歲，風華正茂，是聯大外文系最年輕的一位教授。他除了擔任二年級英文課外，還爲三四年級開了一門專題課「文藝復興」。我那時正攻讀三年級上學期，對先生這門功課特別感到興趣，也早爲他的大名所吸引，便選修了。雖說六十年已消逝了，但直到現在，我仍記得錢先生講授這門課的內容和形式。錢先生講解一律用英文，不像吳宓和葉公超兩位先生有時也說些中文。他總是笑眯眯的，閃爍一對炯炯有神的眸子，既嚴肅又幽默。他老是站著，手臂撐在講臺上。有時也離開講臺，在黑板前來回慢慢兒踱著，在黑板上書寫英、法、德、意大利以及拉丁文等。他講課可眞生動活潑，妙語連珠，又引經據典；

爲了窮源溯流，他可以毫無疑難地寫出幾種外語的出典來。他把十四世紀到十六世紀西歐文藝復興時期意大利、西班牙、法國、英國等的文學狀況，現象和思想，講得有聲有色，如數家珍，眞是引人入勝。他很少提問學生，總是滔滔不絕地講著，彷佛一股不盡的智慧靈泉涓涓地從他嘴裏奔流出來。我深深地記得錢先生評論薄伽丘的《十日談》、塞萬提斯的《唐·吉訶德》和蒙田的《隨筆》時，是那麼熟悉材料，深入地分析了產生這些作家及其傑作的時代和社會背景……

錢鍾書旁徵博引、滔滔不絕而又生動幽默的課，征服了廣大的青年學子，受到學生們的熱烈歡迎。後來的「九葉派」詩人中，大都畢業於西南聯大，王佐良、查良錚都聽過錢鍾書的課。他們都很喜歡這位個子不高，經常帶著一副黑邊大眼鏡，穿一身藏青色西服，腳上著一雙黑皮鞋的年輕老師。據說錢鍾書之所以這樣打扮，著實因爲他太年輕了，他才二十八歲就當了教授，他的教授是特聘的，破了先例。

可惜這個才子在西南聯大待的時間並不長。西南聯大是個藏龍臥虎的地方，名人輩出，可名人多的地方，問題也多，文人之間自古以來免不了相輕。錢鍾書雖然不喜歡爭鬥，但他也很自負，許多老師他都看不上眼。據說，他在離開西南聯大的時候曾經說了一句話：「葉公超太懶，吳宓太笨，陳福田太俗」。這句話雖然有些道理，但畢竟太傷人了。可是錢鍾書任意臧否人物、口沒遮攔的性格，到老也沒有多少改變。

錢鍾書在人才濟濟的聯大校園裏並沒有多少朋友，有人妒忌他的才學，有人在背後排擠他，而他自負狷狂的性格也讓很多人無法適應。於是只教了一年，錢鍾書就回上海省親，黯然離開了西南聯大。臨走時，好友滕固爲他送行，兩個人都很傷心，互相寫詩酬唱。滕固也是個才子，早年留德研究藝術史，當時任國立藝術專科學校的校長。錢鍾書的名文《中國詩與中國畫》就是應滕固之邀而寫的。可惜滕固命薄，四十一歲就死掉了。錢鍾書得到滕固死的消息後，十分傷心，連續作了四首詩表示懷念。後來離開湖南，經昆明回上海，舊地重遊，錢鍾書不免悲從中起，懷念起這位知心朋友：「沈魄浮魂應此戀，墜心危涕許誰知。分看攀折離披了，閱水成川別有悲。」

錢鍾書在聯大期間除了上課，就是繼續他的文學創作，寫了一些的隨筆，以「冷屋隨筆」爲名，在《今日評論》周刊上發表了《論文人》、《釋文盲》、《一個偏見》和《說笑》四篇。這些隨筆以深沈的智慧冷眼觀照人生物事，有著較爲濃郁的蘭姆或蒙田的散文風格，產生了很大的影響，有些篇目或名句傳頌一時。「冷屋」之「冷」其實流露了錢鍾書對聯大的某種失望情緒。這些隨筆後來都收入散文集《寫在人生邊上》。

二、湘西藍田

一九三九年夏天，錢鍾書回到上海探親，小住了幾個月，然後便起身去偏遠的湘西，赴湖南安化縣藍田國立師範學院任英文系主任，以照料在那兒做國文系主任的老父親。這也是繼光華大學之後，父子倆第二次同在一所大學任教。

鄒文海要到湖南大學任教，正好結伴同行，同去的還有徐燕謀。十一月份，他們在上海登船，開始了漫長的湘西之旅。

由於戰爭，交通狀況很差，錢鍾書等人本來十月份從上海訂船票赴寧波，不料日本人封鎖了海口，不能通航，一直等到十一月初才得到船務公司的通知，可以出發了。到了寧波，他們改乘汽油船和黃包車，整整走了一天，才到了溪口。此後，他們便全部乘長途汽車，每站都得停留三天五天，不是買不到票，就是等候行李到達，沒有一站是順利通過的。

開始的時候，有的人還利用等車的時間就近尋險探幽，後來旅途越來越煩人，大家的心境也越來越惡劣，也就懶得再動彈了。

可是在旅途中，錢鍾書卻過得悠然自得，總是手不釋卷。鄒文海上前查究他看的什麼書，一翻，發現竟是英文字典。「咦！一本索然寡味的字典，竟可捧在手中一個月？」鄒文海頗爲驚奇。

錢鍾書正色告訴他：「字典可是旅途中的良伴，上次去英國時，輪船上惟以約翰生博士的字典相隨，深得讀字典的樂趣，現在已養成習慣。」

鄒文海說：「我最討厭字典，看書時寧肯望文生義地胡猜，也不願廢時去查字典。」

錢鍾書奉勸道：「你這種不求甚解的態度不能用之於精讀，而且旅途中不能作有系統的研究，只有隨翻隨玩，遇到生冷的字，當然可以多記幾個字的用法，但更有意思的是，前人所著字典，常常記載舊時口語，表現舊時習俗，個中趣味，實不足爲外人道也。」

錢鍾書這種讀詞典的愛好，一直保持到晚年，而且伴隨他度過了「文革」那段苦難的歲月。這是後話。不過，從這裏也可以看出，錢鍾書的學問之所以那麼大，和他的勤奮是分不開的。他大概便是在這熱鬧煩躁中攫取寧靜，又在寧靜的人生邊緣靜靜地思考人生。

這段旅程，是錢鍾書平生所經歷的最爲艱難的旅行。他寫作《談藝錄》，評析鄭子尹《自沾益出宣威入東川》一詩時，還情不自禁地說起當時的艱辛，

鄭子尹《自沾益出宣威入東川》云：「出衙更似居衙苦，愁事堪當異事徵。逢樹便停村便宿，與牛同寢豕同興。昨宵蚤會今宵蚤，前路蠅迎後路蠅。任詡東坡渡東海，東川若到看公能。」寫實盡俗，別饒姿致，余讀之於心有戚戚焉。軍興而後，餘往返浙、

贛、湘、桂、滇、黔間，子尹所歷之境，迄今未改。形羸乃供蚤飽，腸饑不避蠅餘；恕肉無時，眞如士蔚所賦，吐食乃已，殊愧子瞻之言。每至人血我血，攙和一蚤之腹；彼病此病，交遞一蠅之身。子尹詩句尚不能盡焉。

錢鍾書的湘西之旅裏的確看不出沈從文湘西之行的美好迷人，不過艱辛的旅途卻也爲他小說創作提供了生動的素材。輾轉各省，道路艱難，又逢上抗戰年代，社會動蕩不安。所以路途上他們也碰到了很多奇聞逸事，看到了社會底層的污濁醜陋。《圍城》的許多素材都來源於這次漫長而艱辛的旅途，尤其是第五章，基本上以此爲取材基礎。小說中種種惡俗的人生場景，破爛不堪的「歐亞大旅社」，庸俗醜陋的肥胖女人，背著人買山芋吃的李梅亭等等，人生的種種醜陋景觀隨著作者的足跡慢慢展開。《圍城》用幽默的筆調描寫了這次湘西之行的「奇聞逸事」，彷彿是在說一個個並不實在的故事，可看起來不可思議的事情，往往正存在於日常生活中，由此而顯出了人生的荒誕。

同去的徐燕謀則以記實的筆法，用詩歌的形式再次展現了他們的湘西之旅，他把旅途中的見聞如實地記錄到了長詩《紀湘行》中。全詩長達一千八百七十字，敘事、抒情、寫景、議論熔爲一爐，寫出了戰時中國內政之腐敗、民生之困苦、敵寇之凶頑、士卒之疲憊，同時穿插著對祖國山川之美的讚頌、對古代詩人義士的懷念，而終之以自咎空懷憂國之心，難免淪於「棄物」之列。全詩如鄭朝宗所言，「如長江大河一瀉千里，纏綿悱惻，藹然仁者之言，境界近於史詩。」錢鍾書與徐燕謀、《圍城》與《紀湘行》，一虛構，一紀實，各臻妙境。

到了湖南藍田以後，錢鍾書開始了新的教書生活。藍田國立師範學院是一九三八年十二月創立的，也是一座戰時臨時學校，當時的院長是廖世承。它座落於重山複嶺之中，岡巒起伏，林木蒼翠，一溪自北而南，蜿蜒而過。大門兩邊是錢基博創作的一副對聯：「山對光明，毋玩日愒月；士希聖賢，好由義居仁。」學校占地百畝，房屋兩百間，長廓逶迤，皆因山之高下而錯落有致。風景十分宜人。

當時學校實行晚間師生共進晚餐制度，每天晚上老師和學生在一起吃飯。學校裏面的紀律很嚴格，就像士兵一樣，每天必須訓練，除了訓練，學生們還要唱院歌，院歌的詞作者還是錢基博。歌中唱道：

孰與我少艾，五千年之文明，煥彩菲芳藹，國何曾老大，勤以精業，博愛之謂仁，明德親民，舊邦命維新，國何害老大，撫萬里之山河，滄海以爲帶，萬國莫我奈，好作新兆民，一代師表重自珍，莫辜負群倫。

錢鍾書到了國立師範學院後不久，錢鍾書的妹妹錢鍾霞也避難到了國師。錢鍾霞長得十分漂亮，許多人都跑過來向她求婚，錢基博都「一票否決」。當時中文系有個學生叫石聲淮，長得不好看，而且患有皮膚病，也湊熱鬧，向錢鍾霞求婚。他雖長得不好看，卻寫得一手好文章，文章的風格和錢基博一模一樣，幾乎可以以假亂眞。錢基博十分賞識他，就替女兒答應了他的求婚，錢鍾霞不同意，錢鍾書也不同意這門婚事，可是在當時，一切都是老頭子說了算，錢鍾霞爲了不傷害錢基博的心，就答應了婚事。戰亂年代，一家人能平安地偏居在學校裏，就是最大的幸事，也管不了太多的事了。

藍田師範學院的學生其實很少，跟現在許多學校比起來，眞是小巫見大巫。總共才六十幾個人，相當於現在一個班級的人數。人少系科種類卻相當齊全，有國文、英語、教育、史地、公民訓育、算學、理化七個系。《圍城》裏面的三閭大學的學生也不多，只有一百五十八人。這個三閭大學，其實就是來自于藍田師範學院。

就這連教師大概百十來人的學校也構成了一個「圍城」世界，學校遠離繁華都市，看似平靜，其實充滿了人生的爭鬥。錢鍾書對一些他看不慣的人，並不刻意奉承，以求和睦，而是我行我素，旁若無人。吳忠匡回憶說：

中書生性正直，對美善的愛與對醜惡的毫不寬假的態度，在他身上是鮮明的。在那所學院裏，一些當上了教授的和想望當教授而儼然以教授自居的，在同夥和學生面前，每好裝模作樣地表現自己，或是想隱藏起一些什麼來吧，顯得十分可笑。中書對這些來自三家村學究式的種種自欺欺人的生活態度，自然看不慣，使他生氣，感到厭惡。在某些場合，他總是盡可能地躲開他們，從不和他們接談。他外出提根手杖（當時大後方學府中人，無論年老和年少的，出外都好提根手杖，成爲風氣），要是迎面碰上這號人物時，他總是低著頭，旁若無人似地逕自走去。正是這些人和事，後來都成了他構思《圍城》的素材，眞實地進入到角色中去了。

由於國家的困難，校園人事關係的複雜，加上志向的不能實現，身在偏遠鄉村的錢鍾書十分疲憊，他對人生的無常不定，生活的無聊庸俗又多了一份深刻的體驗，《圍城》深刻的哲學認知不少就來自於錢鍾書自己的生活體驗。

不過，藍田的那些日子還是令人懷念的，藍田景色宜人，清靜幽雅，又有好書作伴，良友相談。吳忠匡回憶說：

在藍田的那些日子裏，我們除了教學任務外，只是讀書，鑽書堆，每天的生活內容極其單調、刻板，然其格調卻又極豐富多彩。老先生每天自清晨到深夜，總是端坐在他的大書案前無間息地、不倦怠地著書立說，編撰中國文學史，寫讀書日記。中書也是整天埋頭苦讀，足不出戶。一般是午前的時間，他都用它來閱讀外語書籍，大部分是他從國外帶回來的。剩餘的時間，他閱碑帖，臨寫草書；楷書的師法卻模仿近人張裕釗等，算不得「高古」，後來好像學過蘇、褚、二王的字，不過都不下工夫，隨便臨摹，成不了氣候。午後和晚飯以後的時間，除了到鄰屋老先生的房內聊天而外，他都用來翻檢所能到手的中國四部古籍，或是伏案寫作。一燈晶瑩，孜孜不倦（剛建院後一段時間，全院師生多用燈心草熱桐油盞照明，稍後改用植物油燈）。這所新創建的學院，曾接收部分山東大學和安徽大學的圖書，又用鉅款典借自長沙遷運來小鎮上的湖南南鎮圖書館全部藏書，舉凡《四部叢刊》、《備要》、《四庫珍本》、《叢書集成》、《圖書集成》以及明清名家諸集刻本，也還具體盡有。因此，當時可供我們檢尋閱讀的書刊還是富有的。中書博聞強記，凡經他瀏覽過的典籍，幾乎過目不忘，一些名家的大集不說，某些雜記小說和小名家詩文，你只要考問他，他也能夠窮源溯流，縷述出處，甚至一字不漏地背出來。就這樣，我和中書的關係「始而相與，久而相信，卒而相親」與相敬，而視若良師和益友了。

我們苦志讀書，冬季嚴寒，屋內多用木炭盆生火取暖，每至午夜，我們就用廢舊紙，包裹雞蛋，用水濕透，投進炭火，蛋煨熟了，我們一人一枚用它作夜宵。1997年，中書寫寄給我他答王辛笛君七絕中一首：「雪壓吳淞憶舉杯，卅年存歿兩堪哀；何時榾柮爐邊坐，共撥寒灰話劫灰。」使我也回憶起當年夜讀時的情景。

錢鍾書看到不高興的人，決不逢迎，但碰到投機的朋友，卻很能聊。在藍田的時候他的空閒時間不少，並無外事困擾，晚飯後，三五友好，往往便聚攏到一處，大家圍著錢鍾書，聽他縱談上下今古。他才思敏捷，富有靈感，又具有非凡的記憶力和尖銳的幽默感。

每次談到興奮處，錢鍾書總是顯得容顏煥發，光彩照人，口若懸河，滔滔不竭。當他評論某一古今人物時，不但談論他的正面，也往往涉及他們的種種荒唐事，譬如袁子才、龔定庵、魏默深、曾滌生、李越縵、王仕秋等人，他都能通過他們的遺聞軼事，表露得比他們的本來面目更爲眞實，更加眞人相。「如老吏斷獄，證據出入無方」。吳忠匡說，「聽中書清談，這在當時當地是一種最大的享受，我們盡情地吞噬和分享他豐富的知識。我們都好像在聽音樂，他的聲音有一種色澤感。契訶夫說得對：『書是音符，談話才是歌。』」

有一次，錢鍾書和吳忠匡吃過晚飯，一起到徐燕謀住的地方聊天。錢鍾書知道的東西多，周圍圍了一大群人，錢鍾書談到高興處，他揮著手杖，手舞足蹈。到興盡告別時，徐燕謀才發現他的蚊帳上被戳了好幾處窟窿。錢鍾書拉著吳忠匡大笑著一溜煙跑了。

教書之餘，錢鍾書開始了他的一生中重要的學術著作《談藝錄》的寫作。當時小鎮上條件艱苦，他用的是小鎮所能買的極爲粗糙的直行本毛邊紙。每晚寫一則，二三天以後再作修改，稿子的夾縫中、天地上，都修改添補得密密麻麻。錢鍾書每完成一部分，就交給吳忠匡閱讀，先後寫完了有關陶潛、李長吉、梅聖愈、楊萬里、陳簡齋、蔣士銓等人的章節。一九四一年，錢鍾書離開藍田師範學院的時候，又奮力清了一遍稿，謄錄了一本，在原稿上，大筆一揮「付忠匡藏之」五個大字，把它贈給了好友吳忠匡作爲他們那段藍田生活的紀念。不過，《談藝錄》並沒有寫完，後來到了上海，錢鍾書才全部寫完。

在藍田，錢鍾書還編了本舊體詩集《中書君近詩》。《中書君近詩》從旅途開始時就已經創作了，主要記錄旅途的見聞，這些詩作也可以看作是對《圍城》中路途景色的補充。到藍田時，詩已經有一册了，他就將詩稿交給了吳忠匡，請他去油印了二百份，送給同道。這些詩中描繪了旅途上優美的景色，比如《遊雪竇山》五首就描繪了雪竇山美麗絕倫的風光，「天風出海水，屹立作山勢。浪頭飛碎白，積雪凝幾世。我常觀乎山，起伏有水致。蜿蜒若沒骨，皺具波濤意。乃知水與山，思各出其位。……」詩中，用比喻的手法，描繪了雪竇山終年積雪的美麗形態。不過錢鍾書的大部分詩作都表現了生活的艱辛和無奈，充滿了戰亂的憂傷：

昔遊睡起理殘夢，春事陰成表晚花。
憂患遍均安得外，歡娛分減已爲奢。
賓筵鬱鬱冰投炭，講肆悠悠飯煮沙。

筆硯幸堪驅使在，姑容塗抹度年華。

這些憂傷中帶有灰色幽默的詩，正是錢鍾書在兵荒馬亂的年代，窮居山野的寂寞心況的眞實表露。

在寂寞憂患中，錢鍾書繼續著他的學術研究。除了寫作《談藝錄》，他還發表了《中國詩與中國畫》等文章。《中國詩與中國畫》本來是錢鍾書應好友滕固的邀請，爲國立藝術專科學校作的演講稿，一九四〇年滕固去四川，準備把它編輯在《中國藝術論叢》中，錢鍾書特地認眞作了修改寄給他，可惜滕固到了四川不久就死掉了，文章一時沒了著落。史學家顧頡剛有一次湊巧看到這篇文章，感到寫得特別好，便寫信給錢鍾書要來稿子，把它刊登在齊魯大學的《責善》第二卷第十期上。這篇文章對中國傳統藝術批評史上詩與畫的關係進行了澄清與闡述，認爲中國舊詩和中國舊畫有同樣的風格，體現同樣的藝術境界。後來收入《七綴集》時，已由原來的不足萬字擴展到兩萬餘字，可謂「吾猶昔人，非昔人也」。

另外，他爲好友徐燕謀的《燕謀詩稿》寫了篇序言。這篇序本來以爲早已佚失，錢鍾書還爲徐燕謀重寫了一篇。誰知，幾十年後鄭朝宗竟從一本舊筆記本中發現了當年抄錄的一份，彷佛冥冥之中早有安排。這篇文章最早將《談藝錄》、《管錐編》一以貫之的跨越中西、打通各科的文化立場，鮮明的表露出來，値得重視。錢鍾書認爲對於中西文化應該做到：

……深造熟思，化書卷見聞作吾性靈，與古今中外爲無町畦，及夫因情生文，應物而付，不設範以自規，不劃界以自封，意得手隨，洋洋乎只知寫吾胸中之所有，沛然覺肺肝中流出，曰新曰古，蓋脫然兩忘之矣。姜白石詩集序所謂與古不得不合，不能不異云云，昔嘗以自勖，亦願標而出之，以爲吾黨告。若學究輩墟拘隅守，比於餘氣寄生，於茲事之江河萬古本無預也。

三、海上孤島

由於妻子家人都在上海，一九四〇年暑假，錢鍾書決定回上海省親。可是路上戰事不斷，他和結伴同行的朋友只好半途而退。

一九四一年夏天，錢鍾書和好友徐燕謀再次取道廣西，從海上坐輪船返回上海。本來他打算在上海住幾個月，再回藍田，可是不久珍珠港事件爆發，上海旋即成爲孤島。錢鍾書只好滯留在這個生命的「孤島」上。

用「孤島」來描繪淪陷的上海，不僅是因爲上海在地理概念上成爲一個被隔絕的城市，而且從文化概念上說，上海成了一個自在的文化領域。錢鍾書和楊絳在上海過得並不舒服，「國破山河在，城春草木深」，國家陷入危難，日本人到處撒野，百姓的日子自然不好過。

他的舊體詩中「槎通碧漢無多路，夢入紅樓第幾層」，「心如紅杏專春鬧，眼似黃梅詐雨晴」等詩句都表達了他羈居淪陷區的悵惘情緒。他在《談藝錄》序裏寫道：

……予侍親率眷，兵罅偷生。如危幕之燕巢，同枯槐之蟻聚。憂天將壓，避地無之，雖欲出門西向笑而不敢也。銷愁舒憤，述往思來。托無能之詞，遣有涯之日。

這些話正是他身陷孤島，滿懷憂憤的內心世界的眞實寫照。這段時間裏，錢鍾書只有靠讀書寫作來打發光陰，來表達失去家國的悲憤。《故國》這首詩，就寫作者貧居在受難的國度裏，渴望能夠聽到一聲驚雷，一聲象徵著新世界的「驚雷」，蘊涵著對於國家危難的深深憂慮和對美好明天的深切期待：

故國同誰話劫灰，偷生坯户待驚雷。
壯圖虛語黃龍搗，惡讖眞看白雁來。
骨盡踏街隨地痛，淚傾漲海接天哀。
傷時例托傷春慣，懷抱明年倘好開。

三十年代末的上海，是中國的經濟中心，也是遠東地區最大的城市，被稱爲「東方的巴黎」，是西方冒險家的樂園，比日本的東京還要繁華，當時有名的「新感覺派」作家穆時英稱它爲「造在地獄上的天堂」。但是上海成爲孤島後，老百姓的日子頓時陷入了困境，物價飛漲，入不敷出，所有的繁華都一去不返，「繁華事散逐香塵，流水無情草自生。」

錢鍾書也經歷著生活中最爲艱難的時刻。爲了一家人的生存，他的岳父楊蔭杭將自己在震旦女子文理學院的工作給了錢鍾書，讓他能掙點錢補貼家用。錢鍾書在震旦女子文理學院一直教到抗戰勝利。震旦女子文理學院是教會學校，主管是個中年英國修女，名字叫Mother Thornton，錢鍾書的女兒阿圓就稱她爲「方凳媽媽」。同事中關係最好的朋友是陳麟瑞，筆名石華父。他是著名劇作家，柳亞子的女婿，兩家住在同一條街上，相距只有五分鐘的路，所以往來很密切。楊絳寫劇本，就是受了陳麟瑞的鼓勵和啓蒙。在錢鍾書夫婦的記憶中，陳麟瑞是最隨和、最寬容的一位朋友。

在這種「國破堪依，家亡靡托。迷方著處，賃屋以居。先人敝廬，故家喬木，皆如意園神樓，望而莫接」的壓抑而艱難的情境中，錢鍾書的著述卻大獲豐收。一九四一年底，錢鍾書的散文集《寫在人生邊上》在陳麟瑞、李健吾等人的幫助下，由上海開明書店出版。這本集子收了十篇散文，有舊作，也有新作，如《魔鬼夜訪錢鍾書先生》、《窗》、《論快樂》、《吃飯》、《讀伊索寓言》、《一個偏見》、《論文人》等。

在《魔鬼夜訪錢鍾書先生》裏錢鍾書以魔鬼和人「對話」的形式，發表了對於文壇現象和現實生活的看法，把那些熱衷於寫傳記和自傳的人嘲諷了一番：

現在是新傳記文學的時代。爲別人做傳記也是自我表現的一種；不妨加入自己的主見，借別人爲題目來發揮自己。反過來說，做自傳的人往往並無自己可傳，就逞心如意地描摹出自己老婆、兒子都認不得的形象，或者東拉西扯地記載交遊，傳述別人的軼事。所以，你要知道一個人的自己，你得看他爲別人做的傳；你要知道別人，你倒該看他爲自己做的傳。自傳就是別傳。

他還借「錢鍾書」之口對魔鬼說：「我正在奇怪，你老人家怎會有工夫。全世界的報紙，都在講戰爭。在這個時候，你老人家該忙著屠殺和侵略，施展你的破壞藝術，怎麼會忙裏偷閒來找我談天。」這些話深刻而幽默，用「反諷」的筆調嘲諷了戰亂的世界場景，嘲諷了那些在戰場中撕殺的野蠻的人性。

在《論快樂》、《說笑》、《論文人》、《談教訓》、《一個偏見》等散文中，既顯示出深厚的文化知識，又幽默辛辣，對各種社會現象給予了深刻地揭露，比如《論文人》一文，對文人的虛僞作了深刻的揭露。《說笑》一篇，則開門見山地諷刺了文壇中的「幽默文學」現象：「自從幽默文學提倡以來，賣笑變成了文人的職業。幽默當然用笑來發泄，但是笑未必就表示著幽默。劉繼莊《廣陽雜記》雲：『驢鳴似哭，馬嘶如笑。』而馬並不以幽默名家，大約因爲臉太長的緣故。老師說，一部分人的笑，也只等於馬鳴蕭蕭，充不得幽默。」提倡

「幽默文學」的林語堂先生看到這篇文章，肯定會很不開心。他在《吃飯》一文中寫道：

吃飯有時很像結婚，名義上最主要的東西，其實往往是附屬品。吃講究的飯事實上只是吃菜，正如討闊佬的小姐，宗旨倒並不在女人。這種主權旁移，包含著一個轉了彎的、不甚樸素的人生觀。辨味而不是充饑，變成了我們吃飯的目的。舌頭代替了腸胃，作爲最後或最高的裁判。不過，我們仍然把享受掩飾爲需要，不說吃菜，只說吃飯，好比我們研究哲學或藝術，總說爲了眞和美可以利用一樣。有用的東西只能給人利用，所以存在；偏是無用的東西會利用人，替它遮蓋和辯護，也能免於拋棄。

這些話風趣生動，並不僅僅是博取讀者一樂，而是充滿著生活的哲理，他把吃飯和社會上的種種現象結合起來，運用隱語的手法來折射人生，充分體現了錢鍾書的想像力。

《寫在人生邊上》的散文幽默詼諧，從這些文章中，也可以看出以後《圍城》的影子。這本散文集的出版，楊絳出了很大力氣，主要都是由楊絳編定的，所以錢鍾書特地在書的扉頁上寫下：「贈予季康」，楊季康是楊絳的原名。

蟄居孤島，錢鍾書夫婦不大和外界往來。和錢鍾書來往比較密切的倒是幾個前輩文人，其中和李拔可交往最爲頻繁。李拔可曾經中過光緒甲午的舉人，後來又擔任過商務印書館的董事以及經理，擅長寫詩，與夏敬觀、冒廣生並稱爲「甲午三詩人」，錢仲聯在《近百年詩壇點將錄》裏將他點爲「地煞星鎮三山黃信。」另外他與老一輩的夏敬觀、金松岑、陳病樹都有很深的交往。陳病樹是陳三立的弟子，很有學問，他晚年居住在上海，十分貧困，連固定的地點也沒有，因爲他取西晉劉伶《酒德頌》裏的話，用「居無室廬」命名他的住所。錢鍾書曾經有一首詩《陳病樹丈居無廬圖屬題》，就是爲陳病樹所作：

上岸牽船事已違，田園歸計亦悠哉。
月名烏鵲無依止，日夕牛羊欲下來。
覓句生憎門莫閉，看山竊喜壁都開。
他年留布丹青裏，通老移家惹俗猜。

聚散離合，誰能預測。在孤島潛心寫作的錢鍾書竟然碰到了校友鄭朝宗，鄭朝宗也沒有想到有一天會再遇見錢鍾書，更沒有夢想會因此而成爲他的熟人，事情完全出於偶然。

太平洋戰爭爆發時，鄭朝宗在上海一所英國人辦的學校裏教書，因路途阻絕他也沒能回到內地，留滯在已淪陷的上海家裏。有一天，鄭朝宗出門散步，路上遇到一位清華的同學，問他要不要去看錢鍾書。鄭朝宗當然願意，跟隨著那個同學到一座帶花園的洋房裏，在那裏他見到了錢鍾書。錢鍾書知道鄭是福州人，便問他見過林紓、嚴復、陳衍這幾位老先生沒有。談話結束後，大家都回去了，錢鍾書住在當時法租界的拉斐德路，鄭朝宗也住在離該處不遠的一條巷子裏，兩個人於是邊走邊談。鄭朝宗的學校裏最近缺一個國文教員，洋校長委託他物色新人，他就問錢鍾書有無可推薦的，錢鍾書答應考慮。幾天後，錢鍾書推薦了章太炎的入室弟子。後來，鄭朝宗便常常到錢鍾書家玩，還幫錢鍾書查閱資料，到上海圖書館借書，彼此相熟起來。據鄭朝宗回憶：

> 我曾幫他到上海圖書館借書，上自康德的《純粹理論批評》，下訖多樂賽・佘兒斯的偵探小說，他都要借而且讀得一樣快。這其中的奧妙，直到《管錐編》問世後，我才明白。原來他不僅對人不存勢利之見，對書也如此。在他眼中，道存萬物，理一以貫，要建築學術上的高樓大廈，鋼筋水泥固然重要，竹頭木屑也有用處，他慣會從古今中外的大小書籍裏擷取自家文藝理論的資料。那時期他正忙於撰寫《談藝錄》，我有幸得讀手稿，看見其中引文不少，問他做卡片否，他說他只做一種別人看不懂的筆記，供自己著書時連類徵引。不明內情的人大約會猜想他家中有一間插架萬卷的藏書室，其實他身邊藏書並不多，靠的主要是那些筆記。

一九四二年，《談藝錄》初稿寫成，在藍田師範學院的時候，錢鍾書便開始了《談藝錄》的寫作，現在終於利用孤島這段時間把它全部寫完了。與此同時，他還開始創作《靈感》、《貓》等短篇小說；一九四四年起他又開始寫作《圍城》。蟄居孤島的這段時期，是錢鍾書文學創作的頂峰時期。他這段時期豐富的創作與學術實績，恰恰印證了他提出的「詩可以怨」的著名命題。

一九四五年，日本人投降，抗戰勝利，錢鍾書和我們的國家一起迎來了嶄新的春天。

次年，錢鍾書由上海返回無錫看望父親。在這之前，錢基博已在女婿石聲淮的服侍下從湖南回到老家無錫，無錫的家裏藏有幾萬册圖書，老先生回來就是爲了整理這批書籍。後來錢基博老先生受聘于武昌私立華中大學，也就是現在的華中師範大學，再也沒有回來。錢鍾書看望了漸漸衰老的父親後，便匆匆回到上海，那時國立中央圖書館已經由重慶搬回到南京，館長蔣復璁聘請錢鍾書擔任教育部國立中央圖書館的編纂，並且兼任英文館刊《書林季刊》（Philobilon）的主編。那時，錢鍾書經常往返于滬寧之間。同年，國立暨南大學也由福建建陽遷回到上海，九月份，錢鍾書接受了該校文學院院長劉大杰的邀請，擔任外文系的教授，教授大四的「歐美名著選讀」和「文學批評」兩門課程，一直教到一九四九年。當時的暨南大學實力很強，學校裏有許多知名的學者，包括周予同、鄭振鐸、劉大杰、周穀城、王亞南、沈煉之、王子瑜等人。劉大杰把錢鍾書介紹給學生時興奮地說：「我給你們請到這樣一位先生，你們眞幸運。」

那天錢鍾書穿了一套紫紅色的西裝，戴著眼鏡，表情有些嚴肅。他一開口，清脆流利的英語就把學生吸引住了。他講課時很少看講義，滔滔不絕，學生們十分歡迎這位博學多才的老師。當時林子清是暨南大學的學生，他一直清楚地記得錢鍾書在談到文學與音樂的關係時，引用了蒲伯和丁尼生的詩句，然後引用蘇東坡的「塔上一鈴獨自語，明日顚風當斷渡。」「顚」和「當斷渡」很像鈴聲「叮……當當當。」他用這個例子把「象聲」的修辭手法講得惟妙惟肖。最後他還用拉丁文、意大利文、德文、法文把維吉爾、但丁、巴爾塔斯的詩句寫在黑板上，說明「象聲」手法在外國詩中的普遍運用。他的高深造詣令學生傾倒。錢鍾書不僅教書十分認眞，對學生也十分好：

錢先生教學非常耐心，我除了在學校裏經常向他請教以外，有時碰到了無法解決的問題還跑到他家裏去請教。有一次跑到復興中路他的住宅去，看到二樓靠牆壁安放的書架上擺滿了三十二開本的精裝外文書。後來他搬到蒲石路（又名長樂路），我也到那裏去過多次。有一次我向他請教時，他正在認眞讀書，聯繫簿上寫滿了間隔很密的外文。我向他請教時他用英語講解，我仍然感到不夠清楚，他便用英文寫出來。

一九四六年六月，錢鍾書的短篇小說集《人·鬼·獸》、一九四七年五月長篇小說《圍城》、一九四八年六月學術專著《談藝錄》紛紛出版，引起了世人的關注。這期間，錢鍾書曾以國立中央圖書館工作人員的身份出訪臺灣，當時國民黨的教育部長朱家驊組織由中央圖書館、中央博物院、故宮博物院等單位組成的文化訪問團到臺灣訪問。一九四八年三月，錢鍾書、向達、蔣復璁、王振鐸、屈萬里等組成的文化訪問團抵達臺灣，舉行一個文物展覽會，同時舉辦了一系列的講座，其中錢鍾書開的講座是談中國詩和中國畫的關係，題目就是《中國詩與中國畫》。據當年《自立晚報》的報導，錢鍾書的這一場演講，盛況空前。

錢鍾書素來不喜歡和人交往，尤其不大與新文學的文人交往，但是抗戰勝利後的這幾年，他卻經常出入各界名流的宴會上，包括與新文學的許多人物都交往密切，和鄭振鐸、葉聖陶、傅雷、巴金、冰心、孫大雨、李健吾、曹禺、唐弢等人都有頻繁往來。在這些人中，他尤其和傅雷、鄭振鐸、儲安平的關係更爲密切。

鄭振鐸是當時的文壇領袖，主辦著兩個大型的刊物《文藝復興》和《文學周刊》，錢鍾書的《圍城》最早就是在《文藝復興》上連載的。他常常請錢鍾書、傅雷等人吃飯。有一次傅雷、李健吾、曹禺、錢鍾書、鄭振鐸等人一起吃飯，鄭振鐸由於吃得太飽，半夜裏竟然拉肚子。錢鍾書和傅雷家離得很近，他們兩家常常在一起聚會，傅雷爲人嚴肅，很少和人開玩笑，但錢鍾書卻常常當衆打趣他。不過他們兩個人也鬧過一次臉，那已經是一九四九年以後的事情了。傅雷和周煦良合辦《新語》，錢鍾書也在上面發表小說和論文。除了和鄭振鐸、傅雷的關係密切之外，錢鍾書和儲安平的關係也不同一般，儲安平的名字現在已不大爲人所熟悉，但當時他可是一個著名的自由主義知識分子。在上海主辦《觀察》雜誌，常常涉及到時世政治，抨擊黨爭，呼籲民主，言論大膽激烈，在讀者中影響很大。儲安平交往很廣，幾乎網羅了上海的所有名人，每期都把一些名人的名字印在《觀察》的封面上。錢鍾書的《圍城》在《文藝復興》上連載時，《觀察》雜誌就發表評論，介紹這篇小說。

四、圍城內外

說起來，《圍城》的寫作還和楊絳有關。孤島時期，楊絳在陳麟瑞的鼓勵下，熱衷於話劇創作，連續創作了《稱心如意》、《弄眞成假》等劇本，劇本中所表達的在漫漫長夜的黑暗裏始終沒有喪失的信心和在艱苦的生活裏始終保持著的樂觀精神，引起了廣泛的共鳴，產生較大的影響，她的劇本常常在各個劇院裏演出。

有一次，錢鍾書去看楊絳話劇的演出，看完後，回家就對楊絳說：「我想寫一部長篇小說。」楊絳於是就催他快點寫。那時錢鍾書正在寫《人・鬼・獸》裏的短篇，他擔心沒有時間寫長篇小說，楊絳就鼓勵他，讓他減少課時，專心創作，並且辭退了女傭，自己承擔起家務，好節省開支彌補錢鍾書減少課時帶來的不足。就這樣，錢鍾書開始了《圍城》的創作，每天晚上，他把寫完的東西給楊絳看，楊絳看了，忍不住哈哈大笑。

他把寫成的稿子給我看，急切地瞧我怎樣反應。我笑，他也笑；我大笑，他也大笑。有時我放下稿子，和他相對大笑，因爲笑的不僅是書上的事，還有書外的事。……然後他就告訴我下一段打算寫什麼，我就急切地等著看他怎麼寫。他平均每天寫五百字左右。他給我看的是定稿，不再改動。

《圍城》從一九四四年動筆，一九四六年完成，中間又穿插著《談藝錄》的寫作，兼顧不暇，有一種惶急的情緒。所謂「書癖鑽窗蜂未出，詩情繞樹鵲難安」正是這種心境的寫照。李健吾、鄭振鐸兩人讀到《圍城》的部分稿子，又驚又喜，誰都想不到這個做學問的書蟲子竟寫起了長篇小說，而且是一部諷世之作，一部新的《儒林外史》。他們隨即在自己主編的《文藝復興》上開始連載，從一九四六年二月開始，一直到一九四七年一月結束。一九四七年，趙家璧請錢鍾書的好友陳西禾向錢鍾書約稿，將《圍城》編入上海晨光出版公司的《晨光文學叢書》中，出版後旋即連續再版。《圍城》連載時就引起大家的關注，單行本出版後更是受到讀者的熱烈歡迎。

錢鍾書在一九四六年十二月寫的《〈圍城〉序》裏對這些朋友表示了眞誠的感謝，也道出了《圍城》的創作動機。由於新版的《圍城》已經刪去了一些內容，我們不避繁冗，照錄如下：

在這本書裏，我想寫現代中國某一部分社會，某一類人物。寫這類人，我沒忘記他們是人類，還是人類，具有無毛兩足動物的基本根性。人物當然是虛構的，有歷史癖的人不用費心考訂。

承鄭西諦、李健吾兩先生允許這本書占去《文藝復興》裏許多篇幅，承趙家璧先生要去在《晨光文學叢書》裏單行，並此志謝。好朋友像柯靈、唐弢、吳組緗、卞之琳幾位先生的獎勵，以及讀者的通信，批評者的譴責，都使我感愧。我漸漸明白，在藝術創作裏，「柏拉圖式理想」眞有其事。懸擬這本書該怎樣寫，而才力不副，寫出來並不符合理想。理想不僅是個引誘，並且是個諷刺。在未做以前，它是美麗的對象；在做成以後，它變爲慘酷的對照。

這本書整整寫了兩年。兩年裏憂世傷生，屢想中止。由於楊絳女士不斷的督促，替我擋了許多事，省出時間來，得以錙銖積累地寫完。照例這本書該獻給她。不過，近來覺得獻書也像致身於國、還政於民等等佳話，只是語言幻成的空花泡影，名說交付出去，其實只彷彿魔術家玩的飛刀，放手而並沒有脫手。隨你怎樣把作品奉獻給人，作品總是作者自己的。大不了一本書，還不值得這樣精巧地不老實，因此罷了。

《圍城》以留學生方鴻漸的行蹤爲線索，將國內外的人物和事件貫穿到一起，形成了一個獨特的《圍城》世界。這個世界裏的人物或情節，都是錢鍾書從他熟悉的時代、熟悉的地方、熟悉的社會階層中取材虛構而成的。有的角色稍有眞人的影子，事情卻是子虛烏有；有的情節可能略具眞實，人物卻全是揑造的。

《圍城》裏寫方鴻漸本鄉出名的行業是打鐵、磨豆腐，名產是泥娃娃。有的人讀到這裏，不禁得意地大哼一聲說：「這不是無錫嗎？錢鍾書不是無錫人嗎？他不也留過洋嗎？不也在上海住過嗎？不也在內地教過書嗎？」於是就據此斷定方鴻漸就是錢鍾書。

其實，據楊絳說，方鴻漸取材於兩個親戚：一個志大才疏，常滿腹牢騷；一個狂妄自大，愛自吹自唱。兩人都讀過《圍城》，但是誰也沒有自認爲方鴻漸，因爲他們從未有方鴻漸的經歷。錢鍾書把方鴻漸作爲故事的中心，常從他的眼裏看事，從他的心裏感受，不經意讀者會對他由瞭解而同情，由同情而關切，甚至把自己和他合而爲一。許多讀者以爲他就是作者本人。

錢鍾書通過方鴻漸等人物，表現了知識分子的內心世界，通過《圍城》的虛構的情節，構成了一個隱喩的世界，揭示出人生的困境，即人生的「無出路之境界」。

錢鍾書在《管錐編》中論及《易經・大壯》時指出：「火左寇右，尙網開兩面，此則周遮逷迫，心跡孤危，足爲西方近世所謂『無出路之境界』（Ausweglosigkeit）之示象，亦即趙元叔所慨『窮鳥』之遭際也。」而「鴻漸」之名取之於《易經》，「漸卦」卦文含六項變項，即「鴻漸於幹，鴻漸於磐，鴻漸于陸，鴻漸於木，鴻漸於陵，鴻漸于阿」，卦中之鴻，正是一隻飛來飛去沒有著落的水鳥。《易經》中的這隻鳥由海上飛來，逐次飛臨岸邊、石頭、陸地、樹木，最後飛上山頭，始終處於一種動蕩不定的尋覓之中。方鴻漸在海外一事無成，只得隨船漂回國內。到了國內，卻也是上海、內地、上海，四處輾轉漂泊，職業無著落，事業無成功，愛情一場空，婚姻又破裂，最後還是孤零零的一個人，四顧茫然，悵然若失。

「漸卦」的六項變項也可分別對應於小說的第一章（印度洋至香港）、第二章（香港至上海）、第三、四章（上海）、第五章（閩贛路入湘）、第六、七章（湘西背山小鎮）、第八、九章（經港返滬）。方鴻漸奔波漂泊於各地，感受著社會、事業、家庭的種種壓迫，卻找不到自己的出路與歸宿，陷於人生「一無可進的進口，一無可去的去處」的絕境。「鴻漸」與「圍城」相對應，形成一個無奈而悲憫的人生意象。蘇東坡有一首詩《卜算子》，那飄渺的孤鴻，孤獨的飛舞，卻始終找不到一個歸宿，這種困境正是人生面臨的困境：

缺月掛疏桐，漏斷人初靜。誰見幽人獨往來？飄渺孤鴻影。

驚起卻回頭，有恨無人省。棟盡寒枝不肯棲，寂寞沙洲冷。

或許從《圍城》還可以拈出另一種人生境遇，即「人之生世若遭拋擲」的存在困境。《儒林傳》中記載范縝不信因果，曾說：「人之生譬如一樹花，同發一枝，俱開一蒂，隨風而墮，自有拂簾幌墜於茵席之上，自有關籬牆落於糞溷之側」；李白的《上雲樂》也說：「女媧戲黃土，摶作愚下人，散在六合間，濛濛若沙塵。」錢鍾書認為，當代西方存在主義所就的「人之生世若遭拋擲」，與范縝、李白已會心不遠。人之生世感受著社會與生活的重重壓力，卻難覓出路，只能體味著隨風拋擲的滋味，即使處身於人海之中也是群居而心孤，聚處仍若索居，同行也成孤往，好像始終隻身處在莽蒼大野之中，這是一種何等深沈哀怨的人生境遇。

據此，我們不難窺見錢鍾書的存在主義觀念以及《圍城》深層意蘊的現代性特徵。錢鍾書犀利的筆觸已超越於特定的「方鴻漸們」而指向整個人類的存在，立足於中國的土壤而展開了現代人生的整體反思。「方鴻漸們」普通平庸的生命漂泊因而具有了巨大的普遍概括性和高度的本體象徵性。《圍城》雖然只是寫了方鴻漸、李梅亭、顧爾謙、汪處厚、高松年等一群人，但這一群人就是整個世界的縮影，人類便是被困頓在這樣的一個無法言喻的「圍城世界」裏。我們看看《圍城》裏方鴻漸和孫柔嘉的一段對話：

柔嘉問今天是八月幾號。柔嘉歎息道：「再過五天，就是一周年了！」鴻漸問什麼一周年，柔嘉失望道：「你怎麼忘了！咱們不是去年八月七號的早晨趙辛楣請客認識的麼？」鴻漸慚愧得比忘了國慶日和國恥日都利害，忙說：「我記得。你那天穿的什麼衣服我都記得。」柔嘉心慰道：「哪天穿一件藍花白底子的衣服，是不是？我倒不記得你那天是什麼樣子，沒有留下印象，不過那個日子當然記得的，這是不是所謂的『緣分』，來年各個陌生人偶然見面，慢慢地要好？」鴻漸發議論道：「譬如咱們這次同船的許多人，沒有一個認識的。不知他們的來頭，爲什麼不先不後也乘這條船，以爲這次和他們聚在一起是出於偶然。假使咱們熟悉了他們的情形和目的，就知道他們乘這只船並非出於偶然，和咱們一樣有非乘不可的理由，這好像開無線電。……」柔嘉怨道：「好好地講咱們兩個人的事，爲什麼要扯到全船的人，整個人類？」

《圍城》就是要通過幾個人把全世界人的境遇都描繪出來，筆調雖然似乎顯得誇張，然而它卻眞實的映照了人生的存在狀況，人本來就是生活在一個荒唐的世界裏。《圍城》儘管帶著喜劇的色彩，但它的整體風格卻是悲憫的。這樣，我們便不難理解錢鍾書的自白：「我想寫現代中國某一部分社會，某一類人物。寫這類人，我沒忘記他們是人類，還是人類，具有無毛兩足動物的基本根性」；不難理解小說的結句「包涵對人生的諷刺和感傷，深於一切語言、一切啼哭」：

那只祖傳的老鐘從容自在地打起來，仿佛積蓄了半天的時間，等夜深人靜，搬出來一一細數：「當、當、當、當、當、當」響了六下。六點鐘是五個鐘頭以前，那時侯鴻漸在回家的路上走，蓄心要待柔嘉好，勸她別再爲昨天的事弄得夫婦不歡；那時侯，柔嘉在家裏等鴻漸回來吃飯，希望他會跟姑母和好，到她廠裏做事。這個時間落伍的計時機無意中包涵對人生的諷刺和感傷，深於一切語言、一切啼笑。

一般而言，人們總喜歡把《圍城》稱作「學者小說」或「學人小說」，這從作品中繁富的比喩、俯拾即是的典故來說，也可以說「名符其實」。但從錢鍾書本人來說，對此卻「毫不領情」，因爲他對所謂的學人之作頗不以爲然。早在《談藝錄》中他就對「學人之詩」頗有微詞，到後來的《管錐編》中他更是明確標立「學士不如文人」、「文人慧悟逾於學士窮研」、「詞人體察之精，蓋先於學士多多許矣」、「詩人心印勝於注家皮相」等等，清晰地表達了自己的情感態度。

對於錢鍾書來說，分取創作與學術兩途，是要在不同的領域盡情施展身手，兩者雖有互文相通，卻不可等量齊觀、合二爲一，成爲什麼「學人小說」。或許可以說，錢鍾書是想以自己的創作實踐來解構一下「學人之望爲文人而不可得」，顯示身兼學人與文人雙重身份的可能性。從《圍城》作品本身來說，處處自覺不自覺地流溢著錢鍾書豐厚的中西文化素養，卻又似蜜蜂以兼采爲味，無花不采，吮英咀華，滋味遍嘗，取精用弘；「博覽群書而匠心獨運，融化百花以自成一味，皆有來歷而別具面目。」明明是舞鶴，卻只見舞姿而不見鶴體，正所謂「至巧若不雕琢，能工若不用功」，全然沒有「學人之詩」的迂腐與無味。因此，與其說《圍城》是一部學人小說，不如說它是一個典型的知識型文本。

《圍城》在大陸沈寂了許多年，在八十年代忽然走紅，電視劇《圍城》的播出，更起到了推波助瀾的作用，使錢鍾書及其《圍城》幾乎家喻戶曉。這一切本身也「包涵了對於人生的諷刺和感傷，深於一切語言、一切啼笑。」

《圍城》寫好以後，錢鍾書自己並不滿意，想再寫一部長篇小說。這部小說取名叫《百合心》，「百合心」也是典故，典出法國詩人波德萊爾的「Le coeur Dartichaut」。和《圍城》相反的是，《百合心》的主人公是女的，小說的草稿寫了大約有三四萬字，可惜在一九四九年，錢鍾書受聘清華大學北遷搬家的時候，不小心丟失了，從此他對小說創作的興趣也就漸漸地淡薄了。錢鍾書後來自己也解嘲說：「剩下來的只是一個頑固的信念：假如《百合心》寫得成，它會比《圍城》好一點。事情沒有作成的人老有這類根據不充分的信念；我們對採摘不到的葡萄，不但想像它酸，也很可能想像它是分外地甜。」不過我們倒有理由相信《百合心》應該比《圍城》好一點，因爲那時正是錢鍾書創作長篇小說的顛峰階段，它的《圍城》還有點不太成熟，書的前面部分有些油滑和紛亂，後面部分又有些單調和憂鬱，想必到了《百合心》應該更加成熟。

不過，錢鍾書再也沒有重拾此念，《百合心》也就永遠成爲一個美麗的想像。這或許是件很可惜的事情，或許也是一件好事。

五、談藝論學

如果說「詩情繞樹鵲難安」的《圍城》代表了錢鍾書文學創作的最高成就，那麼「書癖鑽窗蜂未出」的《談藝錄》則代表了錢鍾書四十年代學術研究方面的最高成就，顯示了錢鍾書在「文人」與「學士」兩方面相輔相成、彼此促進所達致的最大可能性。《談藝錄》無論在研究深度，還是文本形態上，都爲後來的《管錐編》奠定了堅實的基礎。

《談藝錄》寫作的最初緣起是，錢鍾書讀了冒效魯的父親冒廣生的《後山詩天社注補箋》後，感到不過癮，認爲這本書網羅大量掌故，對徵文考獻很有價值，讀起來也很有趣味，但是象劉彥和所謂的「擘肌分理」和嚴儀卿所謂的「取心析骨」，這本書裏卻沒有看到，而這才是談藝論文的最高境界。所以，錢鍾書決心自己來寫一部《談藝錄》，承襲傳統文評詩話的傳統，把「擘肌分理」、「取心析骨」，凸現「莫逆冥契」的詩心詩意作爲自己的追求。

而「莫逆冥契」的詩心詩意，不僅僅存在於中國傳統詩文本身，而且存在於詩文與俗語、謠諺、曲藝等之間，更存在於中西詩文之間。因此，將中國傳統詩話文論與西方文論相溝通，成爲錢鍾書寫作《談藝錄》的最初動機，東西話語共存於同一文本也成了《談藝錄》的顯著特色與最大貢獻。《談藝錄・序》所顯示的貫通中西、尋求中西之文心的獨特思路，成爲理解《談藝錄》及錢鍾書全部著作的必由之路，值得反覆稱引：

凡所考論，頗采「二西」之書，以供三隅之反。蓋取資異國，豈徒色樂器用；流布四方，可徵氣澤芳臭。故李斯上書，有逐客之諫；鄭君序譜，曰「旁行以觀」。東海西海，心理攸同；南學北學，道術未裂。雖宣尼書不過拔提河，每同《七音略序》所慨；而西來意即名「東土法」，堪譬《借根方說》之言。非作調人，稍通騎驛。

《談藝錄》用傳統的箚記形式寫成，一九四八年初版時包括了九十一則正文和二十四則「附說」，一九八四年出版的《談藝錄》補訂本，篇幅上又擴充一倍。《談藝錄》論述的內容非常廣泛，它以詩爲主，而兼及其他各種藝術門類；以文學爲主，遍及社會科學的其他各個領域；以唐宋明清爲主，又上溯先秦，旁及西方古今文化。

但全書也有相對明確的線索，它以「詩分唐宋」開篇，以「具體的文藝鑒賞和評判」與中西詩學理論研究作爲兩大並進線索。

在具體的文藝鑒賞和評判方面，錢鍾書對後山、李賀、陸游、王漁洋、趙甌北等人的詩作提出了精湛的創見。錢鍾書論李賀：「余嘗謂長吉文心，如短視人之目力，近則細察秋毫，遠則大不能睹輿薪；故忽起忽結，忽轉忽斷，複出傍生，爽肌戛魄之境，酸心刺骨之字，如明珠錯落。與《離騷》之連犿荒幻，而情意貫注、神氣籠罩者，固不類也。……蓋長吉振衣千仞，遠塵氛而超世網，其心目間離奇俶詭，鮮人間事。所謂千里絕跡，百尺無枝，古人以與太白並舉，良爲有以。」這些論述，被認爲是「迄今爲止李賀研究中最精闢深刻的闡述之一」。他解讀李商隱的《錦瑟》，認爲是以詩評詩，且詞旨深妙，「借比興之絕妙好詞，究風騷之甚深密旨，而一唱三歎，遺音遠籟，亦吾國此體絕群超倫者也。」這種解讀獨出機杼，淪人心胸。

在中西詩學理論研究方面，錢鍾書對人工與自然、理趣與理語、得心與應手、禪悟與詩悟、性靈與妙悟等等重要詩學理論以及文學批評史上一些聚訟紛紜的公案，獨闢蹊徑，重揭其中的深厚義蘊。尤其是對《滄浪詩話》、《隨園詩話》等作了較爲集中的研究，在中西詩學話語的對話中提出了自己的深見卓識。嚴羽是南宋著名文學批評家，論詩頗有識見，可他以禪喻詩之說，卻頗遭詬病，對嚴羽頗不以爲然。而錢鍾書借助於對中外文學文化的博識，卻力排衆議，認爲滄浪別開生面，爲其重新定位。錢鍾書熟讀《莊子》，精研禪宗，細讀西方神秘主義哲學家普羅提諾、柏洛克勒斯、愛克哈脫等人的著作，從神秘主義的視角回過頭來重新觀照滄浪，並將嚴羽詩論與法國印象派詩論相比較，拈出它們的相通之處，從而肯定了它「放諸四海，俟諸百世」的意義。這正如錢鍾書所云：「談藝之特識先覺，策動初非一途。或於藝事之弘綱要指，未免人云亦云，而能於歷世或並世所視爲碌碌衆伍之作者中，悟稀賞獨，拔某家而出之，一經標舉，物議僉同，別好創見浸成通尙定論。」對此，錢鍾書也不無驕傲，在補訂本中還說：「餘四十年前……撰《談藝錄》時，上庠師宿，囿于馮鈍吟等知解，視滄浪蔑如也。《談藝錄》問世後，物論稍移，《滄浪詩話》頗遭拂試，學人於自詡『單刀直入』之嚴儀卿，不復如李光照之自詡『一拳打蹶』矣」。

《談藝錄》具體鑒賞與理論研究齊頭並進的根本目的，還在於在中西不同的詩學語境中，闡述中西共同的詩心文心，「知同時之異世、並在之歧出，於孔子一貫之理、莊生大小同異之旨，悉心體會，明其矛盾，而複通以騎驛，庶可語於文史通義。」《談藝錄》在繼承傳統詩話的同時，又引述了西方文化語境中的各家之說，熔合了現代西學的方法與理論，從而將中國傳統詩話推向了頂峰。可以說，它代表了中國傳統詩話的終結，也爲中國傳統詩話的現代性轉化提供了一個典範。不過，《談藝錄》初版本只代表了錢鍾書階段性成就，只有在《管錐編》及《談藝錄》補訂本問世之後，《談藝錄》才最終獲得了自己的獨特定位，並與其他著作一起，彙成了錢鍾書著作充滿張力的話語空間。

如果暫且不論舊體詩創作和後來動了筆卻沒有完成的長篇小說《百合心》，那麼錢鍾書的文學創作在四十年代已全部完成。錢鍾書的創作貫穿散文、小說與舊詩，「以舊詩與先哲共語」、「以小說與時賢並論」，顯示了青年錢鍾書恃才技癢的個性與旺盛的創造力。他的散文與小說犀利精妙、汪洋恣肆，在妙語巧言的隙縫中遊刃有餘，既有對社會世態、文人世界的無情奚落，又蘊含著作者深沈的人生思索，充分展現了錢鍾書文學家的才情，樹起了作爲作家的錢鍾書的形象。

對於錢鍾書文學創作，評論界多有評說。無論是《寫在人生邊上》對人生的點評，還是《人・獸・鬼》對人性弱質與人物心理的探索與描摩，抑或是《圍城》對一種人生境遇的揭示，其實都貫穿著錢鍾書「在人生邊上」對人的「生存境地」和「基本根性」的徹悟與周覽。這與錢鍾書早年對西方現代哲學的傾心不無關係，我們與其說錢鍾書是寫在人生邊上，不如說是憑籍其智慧與悟性居高臨下地俯視人世，諷世諭人。

從這個角度看，《寫在人生邊上》的序言，也就具有了特殊的意義。它不僅可以視作這本散文集的導言，而且不妨可以視作錢鍾書全部文學創作的總序，序言中所透露出的文化立場與思想態度，已然成爲他全部創作的基本精神特徵：

人生據說是一部大書。

假使人生眞是這樣，那末，我們一大半作者只能算是書評家，具有書評家的本領，無須看得幾頁書，議論早已發了一大堆，書評一篇寫完繳卷。

但是，世界上還有一種人。他們覺得看書的目的，並不是爲了寫批評或介紹。他們有一種業餘消遣的隨便和從容，他們不慌不忙地瀏覽。每到有什麼意見，他們隨手在書邊的空白上注幾個字，寫一個問號或感歎號，象中國舊書上的眉批，外國書裏的 marginalia。這種零星隨感並非他們對於整部書的結論。因爲是隨時批識，先後也許彼此矛盾，說話過火。他們也懶得去理會，反正是消遣，不象書評家負有指導讀者、教訓作者的重大使命。誰有能力和耐心做那些事呢？

假使人生是一部大書，那末，下面的幾篇散文只能算是寫在人生邊上的。這本書眞大！一時不易看完，就是寫過的邊上也還留下好多空白。

這種基本精神是遠離主流社會的對人生的冷眼旁觀，是「隨時批識」的人生評點。《寫在人生邊上》、《人·獸·鬼》和《圍城》雖然體裁不一，但是由於有著這種共同的基本精神，使得它們獲得了內在的呼應和高度的統一。《寫在人生邊上》和《人·獸·鬼》分別以《魔鬼夜訪錢鍾書》與《上帝的夢》開場，體現了一種戲劇性的整飭。《人·獸·鬼》書名得自於四個短篇《上帝的夢》、《貓》、《靈感》和《紀念》所包含的人、獸、鬼、神四種形象，歸根到底還是在寫人，而且似乎還蘊示了「人性、獸性、鬼性」的相通相轉。

《上帝的夢》是錢鍾書最早的小說，在寓言的形式下，寄寓的是對人性缺陷的暴露，小說的敘語調充滿著反諷；《貓》通過對李建侯夫婦情感生活的剖析，展示給讀者人性的弱質。小說隱性的主角是一隻「貓」：「貓是理智、情感、勇敢三德全備的動物：它撲滅老鼠，像除暴安良的俠客；它靜坐念佛，像沈思悟道的哲學家；它叫春求偶，又像抒情歌唱的詩人」，它成爲人的無情與隔閡的有力反襯；《靈感》是對所謂文人作家劣根性的無情鞭撻；《紀念》也是一支人類感情生活的傷心之歌，那種淡淡的、欲說還休的曼倩的情感糾葛，顯示了人生的自我捉弄和人性中的殘酷。天健在飛行中失事死去，曼倩感到的也只不過是一陣淡淡的惆悵，甚至在惆悵的同時，還會感到某種「舒適」：

曼倩開始覺得天健可憐，像大人對熟睡的淘氣孩子，忽然覺得它可憐一樣。天健生前的漂亮、能幹、霸道、圓滑，對女人是可恐怖的誘惑，都給死亡勾消了，揭破了，彷佛只是小孩子的淘氣，算不得眞本領。同時曼倩也領略到一種被釋放的舒適。至於兩人間的秘密呢，本來是不願回想，對自己也要諱匿的事，現在忽然減少了可恨，變成一個值得保存的私人紀念，像一片楓葉、一瓣荷花，夾在書裏，讓時間慢慢地減退它的顏色，但是每打開書，總看得見。

這兩本作品中對人「基本根性」的揭示，到了《圍城》中則得到了更深入的挖掘與表現：

從婚姻到人生，都是「被圍困的城堡，城外的人想衝進去，城裏的人想逃出來」，「當境厭境，離境羨境」，正是一種人類生存的普遍性的困境。錢鍾書曾論及宋詩的最高境界是「理趣」，他對人的「生存境地」和「基本根性」的評點、對世界人生的洞察，正是他作品中的「理趣」，也是他作品智性的體現。

第三章　歷經劫波

一、重返清華

一九四八年是一個動蕩的年代，在這個令人不安的歲月中，沒有人知道自己的命運將去向何方。錢鍾書正是聲名日隆之時，臺灣一所大學想要他去，香港大學邀他到香港大學擔任文學院院長，牛津大學也約請他到牛津擔任講師。錢鍾書考慮再三，幾個學校全都拒絕了。他的女兒錢瑗患有肺病，倫敦時常陰天雨霧，對錢瑗的身體不好。香港前途未卜，不是個久留的地方。他於是繼續在暨南大學教書，

一九四九年五月，上海被解放軍攻克。九月份，錢鍾書接受了母校清華大學的聘任，舉家遷往北京。

歷史在這裏轉了個彎。到了北京，錢鍾書便進入了一個新的時代，這個新時代和以往的王朝都不太一樣，沒有人，尤其是沒有一個知識分子，能夠知道自己在這個時代裏會處於什

麼樣的地位，會有什麼樣的命運等待他們。

錢鍾書回到了他熟悉的水木清華，他的一些朋友象吳晗、金岳霖、吳組緗等人也都在清華任教。當他踏入那熟悉的土地上時，他在想什麼呢？他會不會也發出陳寅恪那樣的感歎：

葱葱佳氣古幽州，隔世重來淚不收。

桃觀已非前度樹，蒿街長是最高樓。

名園北監仍多士，老父東城有獨憂。

惆悵念年眼衾地，一春殘夢上心頭。

錢鍾書在清華一邊教書，一邊參加各種社會活動。同是清華出生的胡喬木推薦錢鍾書擔任了中共中央宣傳部《毛澤東選集》英文編委會的委員，編委會的主任是徐湧瑛，清華畢業，曾經留學美國，哲學家金岳霖、詩人王佐良、袁可嘉都在其中。這些人員可謂一時之選。錢鍾書擔任了毛選英譯最後潤色的定稿者。那時錢鍾書的家住在西郊中關村，他每天要坐車到東城區上班，十分疲倦，但錢鍾書接了翻譯工作後，不敢有絲毫的怠慢，生怕出一點差錯。他的認眞得到了許多人的認可，以至有人謠傳錢鍾書將要擔任毛澤東的英文秘書和外交顧問。錢鍾書是個對政治一竅不通的書生，要他做外交顧問當然不可能。連各種各樣的會議和學習都讓他心煩意亂，他對一些新生事物難以適應，也不明白新社會為什麼總是開會，搞得他連讀書的時間都沒有，更不用說寫作了。

一九五二年下半年，全國轟轟烈烈的高校院系調整工作大規模地展開。錢鍾書被調用到北京大學文學研究所，由鄭振鐸、何其芳任正副所長。這個文學研究所後來被改名爲中國科學院文學研究所，一九七七年五月才改爲中國社會科學院文學研究所。文學研究所評職稱先要自己申報，根據自己的情況申請一定的級別，錢鍾書申報的時候並不謙虛，報了一級研究員，而紅學家俞平伯當時也只敢報二級，這只是錢鍾書「偶露崢嶸」，這種狷狂幾年以後就不復再見，這也算是知識分子改造的一大「成效」吧？文學研究所鄭振鐸所長專門研究古代文學，和錢鍾書的關係很要好，爲了增加古代文學研究組的力量，就把錢鍾書從外國文學組借調到古代文學研究組，從此錢鍾書就一直在古代文學研究組工作，而楊絳則一直在外國文學組工作。

除了開會和學習多之外，錢鍾書的生活總的來說比較平靜，日子過得相對輕鬆，他和楊絳還在家裏養起了貓，給貓取名爲「花花兒」。這是一隻很聰明的貓，它初次上樹，不敢下來，錢鍾書設法把它救下。小貓下來後，用爪子輕輕軟軟地在錢鍾書腕上一搭，表示感謝。錢鍾書說它有靈性，特別寶貝，貓兒長大了，半夜裏和別的貓兒打架，錢鍾書特備一枝長竹杆放在門口，不管多冷的天，聽見貓兒叫鬧，就急忙從熱被窩裏出來，拿了竹杆，出去幫自己的貓兒打架。和他們家貓兒爭風打架的情敵之一是鄰居林徽因家的寶貝貓，是林家一家人的「愛的焦點」。楊絳擔心爲貓而傷了兩家的和氣，引用錢鍾書小說《貓》裏的話說：「打狗要看主人面，那麼，打貓要看主婦面了！」錢鍾書笑道：「理論總是不實踐的人制定的。」

初到北京，也常常有一些新朋故舊相約晤談，「九葉派」詩人唐湜到北京，和袁可嘉、曹辛之一起去看望錢鍾書。當時吉林通化市給毛澤東送了一批葡萄酒，中宣部給每個幹部都送了一瓶，因爲正在參加《毛澤東選集》的翻譯，錢鍾書和袁可嘉、曹辛之都分得一瓶。他們就拿通化葡萄酒招待唐湜，幾個人一面喝酒，一面聊天，玩得很痛快。當時還在做記者的黃裳，也在一篇文章中回憶了他一九五〇年拜訪錢鍾書夫婦的情形，從他的回憶裏可以看出，錢鍾書當時日子過得雖然清貧，但也很安穩：

我當時是一名記者，正在北京小住，吳晗約我到清華園去玩，住了三天。住在清華園裏的名教授，算來算去我只有一位熟人，就是錢鍾書。第二天吳晗要趕回城去，因此我就把訪問安排在第二天晚上。吃過晚飯以後，我找到他的住處，他和楊絳兩位住著一所教授住宅。客廳裏好像沒有生火，也許是爐火不旺，只覺得冷得很，整個客廳沒有任何家具，越發顯得空落落的。中間放了一隻挺講究的西餐長台，另外就是兩把椅子。長臺上，堆著兩疊外文書和用藍布硬套著的線裝書，都是從清華圖書館借來的。他們夫婦就靜靜地對坐在長台兩端讀書。是我這個不速之客打破了這個典型的夜讀的環境。

他們沒有想到我會在這時來訪，高興極了。接下去就是快談，聽錢鍾書談天眞是一件非凡的樂事。這簡直就是曾經出現在《圍城》裏的那些機智、雋永的談話，只是比小說更無修飾、更隨便。那天晚上幾乎是他一個人在談笑……。

二、宋詩選注

五十年代初期，錢鍾書的學術思想和心理狀況都處於對一種新的社會意識形態的調整適應中，除了開會雜務，就是讀書消遣，沒有什麼著述。一九四九年以前，錢鍾書總是堅持創作與學術的並進，到了這時他雖自信還有寫作之才，卻沒有了創作的衝動，創作的激情隨著時代的變化而消退了，轉而更加沈靜地做起了學術研究。這恰如他詩中所言：「脫葉猶飛風不定，啼鳩忽噤雨將來」，「碧海掣鯨閑此手，只教疏鑿別清渾」（《赴鄂道中》）。在爲人處世方面，錢鍾書也轉了一個一百八十度的彎。當年那個少年高名、任意臧否的錢鍾書不復再見，變得特別深自謙抑，遠避名利。三十年間，大陸幾乎無人再提起錢鍾書的名字。將全部精力轉向學術研究，既是錢鍾書順應時勢的體現，轉向學術，也使錢鍾書最終達至大成之象成爲可能。

一九五六年，人民文學出版社準備出一套「中國古典文學讀本叢書」，是面向青年的普及讀物，鄭振鐸就委託錢鍾書編寫《宋詩選注》，一九五八年由人民文學出版社出版。除了《宋詩選注》，錢鍾書還發表了《韓昌黎詩繫年集釋》、《通感》、《讀〈拉奧孔〉》、《林紓的翻譯》等幾篇有影響的論文。另外還參加了《外國理論家作家論形象思維》的編譯，自己翻譯了《精印本〈堂・吉訶德〉引言》、《弗・德・桑克梯期文論三則》等文章，這本文選的上編一九六六出版，而全書直到一九七九年才全部問世。錢鍾書還參與了余冠英主編《中國文學史》的撰寫，負責唐宋部分的編寫，參與了中國社會科學院文學研究所集體編選的《唐詩選》初稿的選注與審訂。

錢鍾書這個時期最重要的著作就是潛心兩載撰成的《宋詩選注》，而錢鍾書平生最後一篇書評所評的恰恰又是由錢仲聯《韓昌黎詩繫年集釋》來談詩歌輯注的問題，兩者在某些方面顯然有著內在的聯繫。換句話說，他對《韓昌黎詩繫年集釋》的批評，可能正是他在《宋詩選注》中的自覺追求。

錢仲聯屬於常熟錢氏，是當代著名的國學大師，曾和錢基博同事無錫國學專修學校。他的《人境廬詩草箋注》、《清詩紀事》等都是古典文學研究的經典巨著。錢仲聯老先生最佩服錢鍾書的是中西貫通，認爲可以和王國維、陳寅恪並駕齊驅。錢鍾書對錢仲聯的《劍南詩稿校注》也十分賞識，一九八一年申報博士導師時，錢仲聯本來只申報了碩士導師，是錢鍾書一插定音，說「光憑他八十八卷的《劍南詩稿校注》，我看就可以當博導，假使錢仲聯只能做碩導，那我看在座的包括我錢鍾書都只好做碩導，都不能帶博士生了。」對於錢鍾書的知遇之恩，錢仲聯是十分感激的。

錢鍾書的這篇書評高度肯定了錢仲聯集釋的價值，同時又從四個方面對《集釋》進行了批評：

一是有些地方雖然「奇辭奧旨，遠溯其朔」，似乎還沒有「窺古人文心所在」。如韓愈詩中用了釋典，只表示他們熟讀佛經，並不能證明韓愈私販印度貨；

二是有些地方「推求」作詩的「背景」，似乎並不需要。箋注家幹的是細活兒，愛的是大場面；老爲一首小詩佈置了一個大而無邊、也大而無當的「背景」，動不動說得它關係世道人心，彷彿很不願意作者在個人的私事或家常的瑣事上花費一點喜怒哀樂。

三是注釋裏喜歡徵引旁人的詩句來和韓愈的聯繫或比較，似乎還不夠，還應該多把韓愈自己的東西彼此聯繫，多找唐人的篇什來跟他的比較。這樣可以襯托出韓愈在唐代詩人交響曲或者大合唱裏所奏的樂器、所唱的音調，幫助我們認識他的特色。

四是對近人的詩話詩評，似乎只有採用而不加訂正，請來了那些箋注家、批點家、評論家、考訂家，卻沒有「去調停他們的爭執，折中他們的分歧，綜括他們的智慧，或者反駁他們的錯誤——終得像韓愈所謂『分』個『白黑』」。

如果說這四點更多的是錢鍾書「注詩」方面的追求與特色，那麼「選詩」方面錢鍾書則獨標「六不選」原則。這是他對古典詩文「選學」的貢獻，也代表了錢鍾書對宋詩的態度：

> 押韻的文件不選，學問的展覽和典故成語的把戲也不選。大模大樣的仿照前人的假古董不選，把前人的詞意改頭換面而絕無增進的舊貨充新也不選；前者號稱「優孟衣冠」，一望而知，後者容易蒙混，其實只是另一意義的「優孟衣冠」，所謂「如梨園演劇，裝抹日異，細看多是舊人。」有佳句而全篇太不勻稱的不選，這眞是割愛；當時傳頌而現在看不出好處的也不選，這類作品就彷彿走了電的電池，讀者的心靈電線也似的跟它們接觸，卻不能使它們發出舊日的光焰來。我們也沒有爲了表示自己做過一點發掘工夫，硬把僻冷的東西選進去，把文學古董混在古典文學裏。假如僻冷的東西已經僵冷，一絲兒活氣也不透，那麼頂好讓它安安靜靜的長眠永息。一來因爲文學研究者事實上只會應用人工呼吸法，並沒有還魂續命丹；二來因爲文學研究者似乎不必去製造木乃伊，費心用力的把許多作家維持在「死且不朽」的狀態裏。

「六不選」原則爲《宋詩選注》提供了新的價值評判標準，使作家作品的選擇出現了較大的升降，並以具體鑒賞、闡釋爲基礎爲每個詩人重新定位。所選的八十位詩人中，既有王安石、蘇軾、陸游等大家，亦有吳濤、樂雷發、利登、汪藻、朱弁、洪炎等名不見經傳的「新人」，頗有「識英雄於風塵草澤之中，相騏驥於牝牡驪黃以外」之勢。

值得注意的是，錢鍾書「選」與「注」往往融爲一體，「選」的過程也正是「注」的過程，或者說，一首詩之所以入選，總會在注文中找到選的依據。錢鍾書的「選」與「注」，總是立足文本細讀與連類闡釋，拈出某詩人在宋詩發展史上的獨特地位，或是拈示與驗證詩歌創作中的某種普遍手法。宋代「中興四大詩人」尤袤、楊萬里、范成大和陸游中，楊萬里宋以後的讀者遠少於陸游，甚至不及范成大，但是，錢鍾書卻指出，「在當時，楊萬里卻是詩歌轉變的主要樞紐，創闢了一種新鮮潑辣的寫法」，即嚴羽所謂的「楊誠齋體」，這是陸范所不及的。宋代嘗恥辱地割地予金，在異族手中討生活的「慚憤哀痛交攙在一起的情緒產生了一種新的詩境」，而第一個寫出這種詩境的卻是詩績平平的曹勛。王禹偁詩《村行》中「萬壑有聲含晚籟，數峰無語立斜陽」兩句，一般注家只是從字面解釋一下意思，而錢鍾書卻從邏輯學的角度發現其中所蘊含的正是「否定命題總預先假設著肯定命題」，詩人常常運用這個原理。「數峰無語」彷彿表示它們原先能語而此刻卻忽然無語，這使得審美效果顯得尤爲強烈。

顯然，這種「選」與「注」，早已突破了傳統選學箋注模式，而開創了一種選學新境界。作者曾希望《宋詩選注》能選到「嘗一滴水知大海味」的程度，只擔心選擇不當，弄得彷彿要求讀者從一塊磚上看出萬里長城的形勢，事實證明，這種「選」「注」把具體詩人詩作的致曲鈎幽與對宋代詩人的重新定位相結合，並使之與對宋詩發展史的高瞻周覽形成循環闡釋，這就爲我們宏觀理解與把握宋詩發展史，提供了全新的視角與起點。

《宋詩選注》的長篇序言是錢鍾書多年潛心宋詩研究的一篇總結性論文，除了「六不選」原則，它還對宋詩在中國古典詩史上的地位與得失作出了歷史而科學的界定，對一些相關的理論問題作了深入的闡發。宋詩歷來不受重視，從宋代起就有人認爲宋詩不足道。嚴羽在《滄浪詩話》中曾直陳宋詩之弊：「近代諸公作奇特解會，以文字爲詩，以議論爲詩，以才學爲詩；以是爲詩，夫豈不工，終非古人之詩也。蓋於一唱三歎之音，有所歉焉。且其作多務使事，不問興致；用字必有來歷，押韻必有出處；讀之終篇，不知著到何在。」明七子更是堅稱：「漢無騷、唐無賦、宋無詩」。

錢鍾書對宋詩的不足也作了實事求是的批評，主要有三方面。一是歷史局限，「宋代的五七言詩雖然眞實反映了歷史和社會，卻沒有全部反映出來。」這種評價恰恰是錢鍾書對錢仲聯的批評，多少反映了錢鍾書盡可能適應當時氣候的努力。二是宋詩的理語，「愛講道理，發議論；道理往往粗淺，議論往往陳舊，也煞費筆墨去發揮申說。」錢鍾書一向認為這是對詩歌的嚴重損害。他曾在《談藝錄》中說：「顧人心道心之危微，天一地一之清寧，雖是名言，無當詩妙」，「唯一味說理，則於興觀群怨之旨，背道而馳」。三是「把末流當作本源的風氣彷彿是宋代詩人裏的流行性感冒」。在這個基礎上，錢鍾書對宋詩作了總體評價：「整個說來，宋詩的成就在元詩、明詩之上，也超過了清詩。我們可以誇獎這個成就，但是無須誇張、誇大它。」

錢鍾書在序言中還論及了一些重大理論問題。比如在論宋詩的歷史命運與流弊時就談到了「詩」與「史」二者的關係問題，指出「『詩史』的看法是個一偏之見，詩是有血有肉的活東西，史誠然是它的骨幹，然而假如單憑內容是否在史書上信而有徵這一點來判斷詩歌的價值，那就彷彿要從愛克司光透視裏來鑒定圖畫家和雕刻家所選擇的人體美了」。「詩」與「史」的關係，一直是錢鍾書所關注的理論問題，《談藝錄》補訂本、《管錐編》都對此作了深入的闡述，這些理論闡述對闡釋具體的詩作與把握宏觀的宋詩發展史提供了全新的闡釋背景。

《宋詩選注》出版後，隨即受到各個方面的關注，這些關注裏既有讚揚的，也有批判的，還成了「拔白旗」運動中的典型。《文學研究》、《讀書》、《光明日報》等報刊發表了不少批判文章，加以清算。只有夏承燾的《如何評價〈宋詩選注〉》，對其作了全面的肯定，認爲「是一部難得的好書。」其實，即使「是一部難得的好書」，它也不可避免地帶上了特定時代的烙印，典型地透露出錢鍾書當時的學術心態。一方面，中國士大夫入世稟性和特殊的社會意識形態氛圍，使他試圖「識時務守規矩」，順應「潮流」，與社會協調一致，另一方面，錢鍾書犀利的思想鋒芒和傳統清流的品格，又使他「忍不住自作聰明，稍微別出心裁」，因此，三十年後，錢鍾書把《宋詩選注》視作一面「古代模糊暗淡的銅鏡」，「它既沒有鮮明地反映當時學術界的『正確』指導思想，也不爽朗地顯露我個人在詩歌裏的衷心嗜好。也許這個晦昧朦朧的狀態本身正是某種處境的清楚不過的表現」。更明確地說，它已成爲「自己盡可能適應氣候的原來物證」。不管怎樣，《宋詩選注》還是被不少人視作那年頭唯一可看的有個性的書。

一九五九年四月，胡適收到了別人贈送的《宋詩注釋》，對秘書胡頌平說：「錢鍾書是個年輕有天才的人，我沒有見過他。你知道他嗎？」胡頌平說：「十年前在南京，蔣慰堂同他到教育部來，匆匆見過一面。他是錢基博的兒子，英文很好。」胡適又說：「英文好，中文也好，他大概是根據清人《宋詩鈔》選的。序言和注都極有特色，非常好，但選目受了風氣的影響。」後來，錢鍾書不止一次地把這段話指給朋友看，對胡適的褒獎心存感激。在日本，京都大學教授小川環樹對《宋詩選注》很重視，《宋詩選注》剛剛出版，他立即在《中國文學報》上發表文章，高度評價《宋詩選注》，說它是至今全部宋詩選本中最好的一本。《文學遺產》的主編陳翔鶴還特地讓人把小川環樹的書評翻譯出來，送給錢鍾書看，錢鍾書知道了日本還有這麼一位知音，很是高興，從此和小川環樹建立起了聯繫。

三、風雨人生

一九五七年，是大陸知識分子眞正的劫難痛苦開始的年代。在這之前，俞平伯已經開始受到批判，到了一九五七年，政治形勢的變化更加令人難以應變，原來提倡的民主建議變成右傾翻案，「反右運動」開始。文學界也開始分化，發生了激烈的爭論，馮雪峰、丁玲、陳企霞都被打成了右派。文研所內部也紛爭不斷，並形成了所謂的系統派、當前派、並重派三個派系。

不過，錢鍾書在「反右運動」中並沒有受到很大的衝擊，沒有被打成「右派」，只是他的著作《宋詩選注》遇到了些麻煩，遭到了許多人的批評，《文學遺產》、《光明日報》都連篇累牘的開展爭論，尤其是《光明日報》，一九五八年這一年連續發了好幾篇批判《宋詩選注》的文章，胡念貽在《光明日報·文學遺產》第二三九期上發表了對《宋詩選注·序》

的評論文章，認爲錢鍾書有著濃厚的資產階級唯心主義的觀念，所以片面強調詩歌的形式，用形式主義的眼光看待宋詩。另外還發表了黃肅秋的批評文章《清除古典文學選本中的資產階級觀點》，把錢鍾書的《宋詩選注》看做是古典文學選本中的一面白旗：

這是錢鍾書先生《談藝錄》的超階級的唯心主義的觀點的繼續發揮，這是抽掉了作品思想內容專門從詩體演變上來選詩、解詩的形式主義的表現。因此，我們非堅決地拔掉這面資產階級唯心主義的白旗，徹底摧毀爲藝術而藝術的觀點不可。拔白旗、插紅旗，不止是一場大辯論，而是一次尖銳的階級鬥爭，無產階級在這兩條道路的鬥爭當中，必將繼續取得輝煌的勝利。

這篇文章將批評上升到政治立場上，火藥味很濃。紅學家周汝昌也寫了文章批判錢鍾書《宋詩選注》的資產階級傾向。儘管這樣，錢鍾書夫婦並沒有象俞平伯等人那樣受到很嚴厲的批判，這和他採取明哲保身的態度有關，八十年代楊絳在《人民日報》發表一篇回憶文章，記敘了他們在五十年代的一些事情，五十年代中期，全國曾經開展大規模的肅反運動，溫德也被傳是反革命分子，錢鍾書和楊絳不敢再和溫德有聯繫，走路碰到時也不敢和溫德講話，只在路上點個頭。後來事情弄明白了，溫德不是反革命，可錢鍾書夫婦依然不敢跟他交往，可見錢鍾書在反右運動中是多麼的謹慎。

當然現在也有人說錢鍾書狡猾，有人曾寫文章批判錢鍾書在「反右運動」中的「默存」態度，然而在一個瘋癲年代，反抗又有什麼用呢？更何況錢鍾書其實把他的觀察、思考、批判，全部都寫到經典巨著《管錐編》之中。他是在沈默處發言，關鍵你能否從他的著作讀得出來。當時在武漢任教的錢基博曾經要錢鍾書「默存」，少說話，可到了整風時期，他自己倒沈不住氣，給湖北省委的王任重寫了一封萬言書，表達自己的建議，差一點惹來大麻煩。錢基博已經風燭殘年，不久就病倒了，錢鍾書趕緊到湖北去探望，那首著名的《赴鄂道中》就寫出錢鍾書當年的憂慮不寧的心緒：

奕棋轉燭事多端，飲水差知等暖寒。
如膜妄心應褪淨，夜來無夢過邯鄲。
駐車清曠小徘徊，隱隱遙空振滯雷。
脫葉猶飛風不定，啼鳩忽噤雨將來。

錢鍾書借杜甫的「聞道長安似弈棋」變幻和道出「弈棋轉燭事多端」的心境。眼見父親危病纏身，錢鍾書或許深深感觸到了政治時局的「不由自主」，於是錢鍾書以往的妄圖和夢想也都隨之遽然破敗下去。這時錢鍾書才有了「默存」的親身感受，才聯想和捕捉到蘇軾的那名句「妄心如膜褪重重」的感覺，道出了自己的「如膜妄心應褪淨……」。到了一九五七年十月，錢家的兩位老人錢基成、錢基博相繼過世，一九五八年，錢鍾書的母親也離開了人世。錢鍾書沒有遭受災難，他的幾個好友卻都被打成右派，鄭朝宗因爲在一九五七年發表了一些不合適宜的言論，被打成右派，錢鍾書聽到這個消息後，連忙給鄭朝宗寫信，囑咐他讀書養氣，不要因爲受了打擊而從此消沈下去。

儘管沒有被劃爲右派，錢鍾書還是要接受思想改造，一九五八年楊絳和二十幾個人一起到農村接受社會主義教育，改造自己。一個月後，錢鍾書也被下放到河北的農村勞動，掏大糞，知識分子掏大糞，這也許是對人類文化的一種嘲諷。錢媛則留在工廠裏，錢鍾書在生活上不會料理自己，所以生活得很艱苦，不過比起那些被打成右派的知識分子而言，錢鍾書夫婦的命運要好多了。

這場大規模的反右運動並沒有持續太久，但它的影響卻是極爲深遠的，以此爲界，現代知識分子由獨立的思想者轉向了當權體制、主流意識形態的自覺闡釋者和附庸者。這場運動對錢鍾書來講，也沒有產生太大的影響，他依然可以讀他的書，做他的學問。六十年代中國社會科學院文學研究所曾經集體編了一本《唐詩選》，一九六六年完成初稿，經過修訂後，一九七八年正式出版，至今還是唐詩方面的權威選本。當時參加初稿和修訂的主要是余冠英、陳友琴、喬象鍾、王水照等人，錢鍾書則參加了初稿的選注、審訂。編寫的時候，大約每兩周有一次「疑難雜症」的會診會，由王水照先把大家在注釋中遇到的一些難點，整理印發，這時錢鍾書總是談辯鋒出，縱橫無礙，提出很多精闢的見解，有些疑難往往迎刃而解。六十年代初，錢鍾書第一次招研究生，王水照的同學打算報考，托他問錢鍾書應該閱讀哪些參考書，錢鍾書回答：「用不著什麼準備，準備也沒有用。」後來，大家才發現錢鍾書出了這麼一些試題：試卷上抄錄了若干首無主名的詩作，要求辨認出它們是學習唐宋哪些大家的風格；抄錄了白居易的一首代表作，要求指出其中是否有敗筆，爲什麼是敗筆，等等。這樣的考題，可是從來沒有見到過的。它的難度或許偏高，可的確是對考生藝術分析能力的眞正測試。也可以看出錢鍾書一貫的對文學作品審美把握的重視。

四、死生契闊

暴風驟雨的文化大革命終於來了，錢鍾書夫婦隨即不可避免地捲入其中。

一九六六年八月的一天，楊絳像往常一樣回到了家中，可她的心情並不舒服，她被造反派揪了出來。三天以後錢鍾書也被揪出來，幾個革命積極分子貼出大字報，說錢鍾書輕視領袖著作，楊絳看到報紙勃然大怒，回家告訴了錢鍾書，兩個人商量了一番，共同寫份小字報，小字報的內容是請求領導實地調查。吃過晚飯兩個人就帶著手電筒和糨糊，把小字報貼在了大字報的下面。但事情不妙，第二天大規模的批鬥會便召開了，楊絳被戴上了高帽到街上遊行，錢鍾書也被冠之以「資產階級學術權威」而被批鬥。他們的工資也停發了，每月給點生活費。

每天上班還必須掛上牌子。當然他們的上班不是再到文學所去，楊絳的工作是掃女廁所，錢鍾書的工作稍好點，掃院子。夫婦兩個人還要自己給自己製作了牌子，外文所和文學所的牌子都有統一規格，楊絳在外文所，她的牌子是圓形，白底黑字。文學所的正相反，是方形，黑底白字。錢鍾書不會做這些玩意，都是楊絳幫他做成的。別人掛著牌子總是低頭避人，唯有錢鍾書胸前掛著名字上打有大X的大牌子，昂首闊步，每天從貢院前街走回乾面胡同的宿舍，既不畏縮，也不惶悚。每天錢鍾書掛著牌子，到院子裏掃落葉，對著滿地落葉，錢鍾書在想什麼呢？

有一次，造反派把錢鍾書的頭剃掉了縱橫兩道，成爲「十」字怪頭，楊絳趕緊幫他重新理一邊，把「學士頭」改成了「和尚頭」，抹掉了「十」字。楊絳的日子也不好過，她被剃成了「陰陽頭」。和她一起的還有幾個人，有一個家庭婦女含著淚拜佛一樣的求饒，才被免掉剃頭，可是楊絳的脾氣很倔強，她不願意長他人的志氣，堅決不求情，結果被剃了陰陽頭。剃了陰陽頭後楊絳不好出門，錢鍾書很著急，還是楊絳想了個主意，把女兒留下來的辮子製作成假髮，白天就將它帶在頭上。假髮也給楊絳的日常生活帶來了麻煩。楊絳在《將飲茶》裏回憶說她自從乘了一次車被售票員罵了以後再也不坐公交車了：

我戴著假髮硬擠上一輛車，進不去，只能站在車門口的階梯上，比車上的乘客低兩個階層。我有月票，不用買票，可是售貨員一眼就識破我的假髮，對我大喝一聲：「哼！你這黑幫，你也上車？」我聲明自己不是「黑幫」。「你不是黑幫是什麼？」她看著我的頭髮，乘客都好奇地看著我。我心想：「我是什麼？牛鬼蛇神、權威、學者，哪個名稱都不美，還是不說為妙。」我腳裏明白，等車一停，立即下車。直到一年以後，我全靠兩條腿走路。

錢鍾書不能幫助楊絳擺脫艱難處境，他自己也是自身難保。有一天晚上，錢鍾書夫婦在宿舍大院裏接受批鬥，有人用束腰皮帶猛抽錢鍾書和楊絳，錢鍾書的背上被抹上了唾沫、鼻涕和糨糊，楊絳的頭髮則給剪掉了一半。鬥爭完畢又勒令這些「牛鬼蛇神」脫掉襪子，排成一隊，繞著院子跑，指揮的是一個老革命的老婆。「文革」很奇怪，據許多人回憶說，女性的行為要比男性激烈的多，女性往往衝在最前面，革命最積極。要是按照女性主義的角度去理解，大概是女性一直生活在男權話語陰影中，長期受男性的壓迫，「文革」讓她們幾千年來一直壓抑的身心得到了釋放，當然這種釋放是通過壓迫別人來實現的。在楊絳的《幹校六記》和《將飲茶》中，我們看到那些鬥爭最激烈的，的確大部分都是女性。有一個看管楊絳的姑娘還拿著一條楊柳枝做鞭子，抽打楊絳，楊絳認識她，對她說：「你爸爸也是我們一樣的人。」可這反而引起了那個女孩更加猛烈的抽打。

混亂還在繼續。一九六九年十一月得到通知，學部的知識分子必須接受「工人、解放軍宣傳隊」的「再教育」，所有的研究員都先集中住在辦公室裏，六、七至九、十人一間，每天清晨練操，上下午和晚飯後共三個單元分班學習。過了些時候，年老體弱的可以回家住，學習的時間漸漸減爲上下午兩個單元。錢鍾書夫婦都屬於「年老體弱」的行列，所以都允許搬回家住。可是過了不久，一場更爲嚴峻的考驗到來了。

有一天楊絳在公共汽車站等錢鍾書一起吃午飯，錢鍾書從嘈雜的人群中走到楊絳的面前，低聲對楊絳說：「待會兒告訴你一件大事」，是什麼大事呢？原來錢鍾書要被送到幹校去勞動，楊絳聽到這個消息，好象頭頂上打了個驚雷。雖然她早已預料到會有這一天，但事情突然來臨，她一點準備都沒有，本來和錢鍾書已經商量好的，再過幾天就是錢鍾書六十歲的生辰，兩個人約好了到時一起吃頓壽麵慶祝一下。錢鍾書現在卻成了「先遣部隊」要先走了。楊絳忍不住問錢鍾書：「爲什麼你要先遣呢？」錢鍾書告訴她說：「因爲有你。別人得帶著家眷，或者安頓了家再走；我可以把家撂給你。」

六十歲的錢鍾書竟成了「學部」下鄉的先遣隊、「尖刀班」。這批先遣隊裏還包括了大名鼎鼎的沈從文、余冠英、俞平伯、沈有鼎、金岳霖等等，他們哪位都是學問大師，哪位又都幾乎是不分五穀雜糧的「勞心者」。錢鍾書他們要去的地點是河南羅山，臨走的時候把該帶走的東西幾乎都帶走了，這次下放是「連鍋端」，意思是要拔宅下放。過了幾天，錢鍾書和文學所的先遣部隊出發了，那時正是「秋風蕭瑟天氣涼」的初冬季節，所以臨行的場面，頗有點「風蕭蕭，壯士一去不復返」的味道。楊絳、錢媛還有錢鍾書的女婿王得一都去送行。王得一扛著行李，楊絳和錢媛幫助錢鍾書提著幾件小包裹，排隊擠進了月臺，他們都上了火車，把錢鍾書安頓好，三個人就下車了，站在站臺邊，等著火車開響，等著火車把親人送到遙遠的地方去。

羅山是河南南部的老區縣，偏僻貧窮，幹校不在縣城，而在一個遠離縣城的勞改營裏。幾天後文學所的人員都出發去幹校，人們還敲鑼打鼓，列隊歡送，楊絳也都去送行。已逾七十歲的俞平伯和他的夫人，像學齡的兒童一樣，恭恭敬敬地排著隊，走在隊伍的最前面。這樣，先後來的八十多個人就在這個偏僻的地方住了下來，過了一段時間，他們又轉移到另一個更爲荒涼的息縣東嶽村。這些「學術權威」、「學界泰斗」、「紅學專家」們就在那裏做著普通人都能做的粗活，接受所謂貧下中農再教育的改造。

錢鍾書、俞平伯這些人的身體都不好，幹校期間，錢鍾書還發過一次大病，後來病雖然好了，但是留下了病症，每年到了冬季便會多痰，氣促。因爲身體不好，所以他們的工作也相對較輕。錢鍾書就管拿信，文學所的人在荒僻的山野，很思念家裏人，開始的時候郵局把外面來的信送到文學所的宣傳隊就不管了，信常常過了好久才到這些教授們的手上，後來就由錢鍾書拿信，每天或隔天背著個軍用挎包，來回十數里地去拿信，風雨無阻。這個工作一直幹到他離開東嶽。

除了拿拿信，錢鍾書還要做些燒水、看菜園之類的雜活，可就是這些簡單的事情，這個大學問家也會鬧出點笑話。錢鍾書和大語言學家丁聲樹被指派搭檔燒水，負責百來號人的吃水。兩個老頭子，千難萬難地汲水運水，丁聲樹站在下面遞，錢鍾書登凳子提舉往水口裏倒，左一桶，右一桶，一個手打顫，一個腿發軟，兩個人折騰了半天，都沒有把開水燒好。於是，錢鍾書落了個「錢半開」的雅號。錢鍾書還有個「口頭美食家」的雅號。息縣是個窮鄉僻壤，老百姓大都衣不蔽體，食不果腹，幹校的伙食也就可想而知。大家一天勞累下來，就聚在一起聊聊「食經」，畫餅充饑，解解嘴饞，每當這個時候，吳曉鈴先生總是既有理論，也有實踐，可惜當時英雄無用武之地。不過，吳曉鈴間或也有難以自圓其說的時候，這時一旁觀場的錢鍾書便插上兩句，點出其破綻，弄得吳曉鈴啞口無言。大家便哈哈大笑，一天的疲勞也就消散怠盡。但錢鍾書只是理論家，他之所以精通烹調理論，乃在於博聞強記——讀菜譜也！所以偶爾遇上找牙祭的機會，吳曉鈴總還能親臨指導，甚至赤膊上陣，而錢鍾書卻只能避之唯恐不及了。

當時錢鍾書和吳曉鈴、吳世昌等人同住一室。據陳駿濤回憶，吳曉鈴平時說話——特別是說到興奮時，有一個習慣性的動作：喜歡用手指著對方，吳世昌看不慣，有一次也用手指著吳曉鈴說：「你以為你的手比梅蘭芳的還要好看嗎？」這下把吳曉鈴氣得不行，半天說不出話來。吳世昌平時說話聲音尖細，尤其是激動時的時候更是如此。錢鍾書一直躲在蚊帳裏看書，此時冷不丁地冒出一句：「世昌，你說曉鈴的手比梅蘭芳的手還要好看，我看你的嗓子比梅蘭芳的嗓子還要好聽呢！」這一來又把吳世昌給噎住了。這樁趣事倒也很能說明三位先生的性格，也表現出錢鍾書的機敏來。

一九七〇年七月，楊絳也從北京下放到息縣，楊絳走的那天，只有女兒錢媛給她送行，錢媛的丈夫王得一因為受不了軍宣隊的批鬥，已經自殺身亡。楊絳坐在火車上，想想以後只有女兒一人孤身在北京，忍不住留下了眼淚：

阿圓送我上了火車，我也促她先歸，別等車開。她不是一個脆弱的女孩子，我該可以放心撇下她。可是我看著她踽踽獨歸的背影，心上悽楚，忙閉上眼睛；閉上眼睛，越發能看到她在我們那破殘淩亂的家裏，獨自收拾整理，忙又睜開眼。車窗外已不見了她的背影。我又合上眼，讓眼淚流進鼻子，流入肚裏。火車慢慢開動，我離開了北京。」

到了息縣，楊絳終於看到了朝思暮想的丈夫，一個已經又黑又瘦的錢鍾書。楊絳在幹校的工作也不累，每天看看菜園，她的菜園離錢鍾書的宿舍只有十多分鐘的路程，所以兩個人倒可以經常見面。每天下午錢鍾書到村裏的郵電所裏去拿信，回來的時候正好經過楊絳的菜園，楊絳就在菜園裏等著他，兩個在菜園裏會面，伴隨著他們的是一條小狗，取名爲「小趨」，錢鍾書有時還帶些骨頭送給這個「紅娘」。錢鍾書六十歲生辰那天，兩口子都很高興，楊絳的虛歲是六十，她便提前和錢鍾書一起過壽，兩個人弄了瓶紅燒雞罐頭，在鄉村的小窩裏慶祝自己的生日。苦中找樂，也許生命正因爲這樣才更有意義。有時拿信回來晚了，大家總和他打趣：「又去會織女了？」他笑而不答。「鵲橋相會」也就成爲幹校的一段佳話。

幹校期間，錢鍾書工餘時間全都消磨在讀書做筆記上。錢鍾書這輩子最喜歡的事情，就是讀書。他可以說是無書不讀，從經史子集，到稗官野史、小說筆記、佛藏道書、方志輿地，無不采擇。當年社科院藏書借書卡上簽名最多的就是錢鍾書。他讀書速度之快，掌握要點之准，世所罕見。有一次，他對朋友說：「最近我花了兩個星期，把十三經全部溫了一遍，又發現好些好東西。」然後就是滔滔不絕地講他的「發現」。錢鍾書讀書純粹是出於喜愛，所以他看的書特別的廣特別雜，楊絳曾對此作過生動的描述：

他讀書還是出於喜好，只似饞嘴佬貪吃美食：食腸很大，不擇精粗，甜鹹雜進。極俗的書他也看得哈哈大笑。戲曲裏的插科打諢，他不僅且看且笑，還一再搬演，笑得打跌。精微深奧的哲學、美學、文藝理論等大部著作，他象小兒吃零食那樣吃了又吃，厚厚的書一本本漸次吃完。詩歌更是他喜好的讀物。重得拿不動的大字典、辭典、百科全書等，他不僅挨著字母逐條細讀，見了新版本，還不嫌其煩地把新條目增補在舊書上。

那時他讀得最多的三本書是，《韋氏大辭典》、《四庫全書總目提要》和一部罕見的與寫作《管錐編》有關的中國古代辭書。老大的泥屋裏，他趴在炕沿上得空就讀，邊讀邊照老習慣裏裏外外挑筆病，天頭地角字縫行間寫滿了他的看法、見解。如今這三部寫滿批語的典籍已成了寶貝，竟有國外出版商願出高價求購。

一九七一年春天，幹校開始搬遷，由原來的息縣東嶽搬到信陽的明港，這次錢鍾書和楊絳住的更近了，明港的生活條件要比息縣好一點。楊絳的眼睛不好，兩口子常常借著生病到外面去，後來楊絳還請了長假回到北京看病，可楊絳走後，錢鍾書便生了一場大病，給她看病的是一個赤腳醫生，一個黃毛姑娘，她生平第一次給人打針，所以十分緊張。不過還好，居然過了幾天，錢鍾書的病好了。

那時，在周恩來的特別批示下，何其芳、俞平伯、吳世昌等一批人已先頭回到了北京，那批人中沒有楊絳和錢鍾書，又等了一段時間，一九七二年三月，錢鍾書和楊絳才結束幹校生活，終於返回到久別的北京。楊絳回憶說：

據說，希望的事，遲早會實現，但實現的希望，總是變了味的。一九七二年三月，又一批老弱病殘送回北京，默存和我都在這一批的名單上。我還沒有不希望回北京，只是希望同夥都回去。不過既有第二批的遣送，就該有第三批第四批……看來幹校人員都將分批遣歸。我們能早些回去，還是私心竊喜。

希望總會實現的，是呀，可是實現的希望確實都會變味的，當錢鍾書和楊絳回到北京時，許多原來生活在他們身邊的友人、親朋、同鄉、同窗等等，都空留一腔哀怨或悲鳴，遠遠地走了——吳晗、傅雷、老舍、鄧拓、陳夢家、陳麟瑞、陳翔鶴、王得一、楊必……都已相繼離開了人世，北京，眞的已恍如隔世！

回到北京後，錢鍾書又參加了《毛澤東詩詞》的翻譯工作，據說把錢鍾書調回到北京是周恩來的指示，要他回來和袁水拍、葉君健等人一起參加《毛澤東詩詞》英譯本的審定。這本《詩詞》一九七六年由外文出版社出版。回到北京，他們在乾面胡同的住房也被別人住了去，後來鬧得吵起來，最後還動了手，錢鍾書夫婦不得不搬到了建國門內大街社科院文學所七樓的辦公室裏臨時借住，這一住就是三年多。在那裏，錢鍾書完成了他一生中最重要的巨著《管錐編》，這成爲錢鍾書存活下來並且不斷思想的唯一見證。寫《管錐編》耗費了錢鍾書大量的精力，他的身體也因此越來越差，一九七四年左右由於哮喘病復發，錢鍾書接了四個小時氧氣，才搶救脫險。但因爲大腦缺氧，他的反應失常，一年以後才好轉過來。外界都盛傳錢鍾書死了，美國的夏志清和日本的荒井健等朋友甚至還寫了文章紀念他。所以錢鍾書後來在《〈圍城〉日譯本序》裏說：「那謠言害得好友們一度爲我悲傷，我就彷彿自己幹下騙局，把假死亡賺取了眞同情，心裏老是抱歉，因爲有時候眞死亡也只消假同情就盡夠了。」

百年多病、老之將至使錢鍾書感到了生命的脆弱，這年他寫下了一首詩，題目就是《老至》：

徙影留痕兩渺漫，如期老至豈相寬。
迷離睡醒猶餘夢，料峭春回未減寒。
耐可避人行別徑，不成輕命倚危欄。
坐知來日無多子，肯向王喬乞一丸。

第四章　名滿天下

一、巨著出世

一九七九年，錢鍾書的《管錐編》由中華書局出版，震驚學界。

早在一九七二年，錢鍾書回到北京，就著手偷偷地寫作他的傳世名著《管錐編》。當時沒有條件借閱大量的圖書資料，依據的都是錢鍾書歷年的讀書筆記。他的筆記整理出來有五大麻袋，高高地堆在他的辦公室裏。錢鍾書每天就在這些小山裏奮筆疾書。遇到拿不准的，再想方設法核對原文。整整三年之後，《管錐編》的前四册基本上告一段落。

一九七五年的一天，錢鍾書到中華書局拜訪周振甫，並約請周振甫到家裏吃飯，在吃飯的席間，錢鍾書拿出厚厚地幾疊手稿，這個手稿就是《管錐編》，周振甫如獲至寶地把厚厚一疊上百萬字的手稿帶回去拜讀。周振甫當時正在重新修訂自己的《詩詞例話》，便採納了《管錐編》裏的一些內容。錢鍾書認爲《詩詞例話》中「形象思維」一節不足，還親筆抄錄自己《馮注玉溪生詩集詮評》中論《錦瑟》詩的未刊稿，提供給周振甫使用。《詩詞例話》比《管錐編》先出來，香港《〈大公報〉在港復刊卅周年紀念文集》又選發五篇《管錐編》的內容，這樣，學界終於知道，錢鍾書有一本煌煌巨著正在出版。

《管錐編》是錢鍾書晚年的集大成之作，它的完成使得錢鍾書著作的話語空間最終得以確立，並躍上一個全新的境界。如果說此前錢鍾書的全部著作還基本停留於談藝論文，尋覓中西共同的詩心文心，那麼到《管錐編》中則上升到了文化思想的層面的跨文化研究，對人類文化展開了整體批判。

《管錐編》評騭了十部古籍：《周易正義》、《毛詩正義》、《左傳正義》、《史記會注考證》、《老子王弼注》、《列子張湛注》、《焦氏易林》、《楚辭洪興祖補注》、《太平廣記》和《全上古三代秦漢三國六朝文》，融經史子集於一爐，幾乎囊括中國文化的各個領域。即使如此，已經出版的《管錐編》還只是初輯，錢鍾書《序》裏說「錐指管窺，先成一輯，假吾歲月，尚欲賡揚」，「尚有論《全唐文》等五種，而多病意倦，不能急就」。這樣氣魄宏大之作，卻被錢鍾書命名爲「管錐編」。「管錐」二字語出《莊子・秋水》：「子乃規規然而求之以察，索之以辯，是直用管窺天，用錐指地也，不亦小乎！」這種含義也體現在他所認可的書名英譯中：「Limited Views：Essays on Ideas and Letters（有限的觀察：關於觀念與文學的箚記）」。「管錐」二字充分顯示了他的謙遜，也顯示了他對人類知識話語豐富性的尊重。此所謂「仰觀宇宙之大，俯察品類之盛」，浩蕩天地，人類關於世界的認識眞是無窮無盡。

《管錐編》植根華夏，融化中西，或論史，或衡文，或點化，或評析，鈎玄提要，觸類旁通，察一于萬，又寓萬於一，在評注古籍的外衣下，孜孜以求地探究與抉發出人類文化的共同本質，顯現出人類文化生生不息的發展。全書涉及英文、拉丁文、法文、德文、意大利文、西班牙文等西方語文，旁涉文學、史學、心理學、哲學、文化學等各種人文學科。它樹義警拔超絕，論述横掃六合，開拓萬古之心胸，推倒一時之豪傑，在學術層面與思想層面上都有著無窮的創見，卓然而成一家「錢學」。它沒有西方哲學那種邏輯演繹的體系構造，而是突破學科與中西藩籬，將異時異地相統一的觀念，非歷史性地捉置一處，推源溯流，探本求末，交互映照，從而達到對超時空的絕對觀念的契悟神通，進入人類文化反思的更高境界。因此，《管錐編》才被譽爲「經天緯地的巨著」，錢鍾書才被譽爲「二十世紀中國最偉大的智者」！

爲《管錐編》的出力最大的是周振甫。周振甫是浙江平湖人，年輕時曾進入無錫國學專修學校讀書，從錢基博學習章學誠的《文史通義》，從此跨入社會，走上治學之路。周振甫一生都對錢基博先生充滿了感激和敬仰之情。但他並沒有讀完無錫國專，因爲生活所迫，讀了一年多就肆業進了開明書店擔任校對，以後全靠刻苦自學，才成爲知名學者，也與錢鍾書結下了深厚的友誼。

一九四七年，開明書店的當家人葉聖陶索到錢鍾書《談藝錄》手稿，準備列入《開明文史叢刊》之一印行。也許就是因爲看中了周振甫的勤奮和扎實，書店把《談藝錄》的校對重任交給了周振甫。周振甫除了悉心讎正外，認爲該書沒有目錄，不便檢閱，就爲該書標立了目次，經錢鍾書同意，刊入書中。錢鍾書特地作了一首七律，題爲《周振甫和秋懷韻、再用韻奉答、君時爲余勘訂談藝錄》，以記其事。詩云：

伏處要要語草蟲，虛期金翮健摩空。
班荊欲賦來今雨，掃葉還承訂別風。
臭味同岑眞石友，詩篇織錦妙機工。
只慚多好無成就，貽笑蘭陵五技窮。

次年六月，《談藝錄》由開明書店首次出版。錢鍾書在送周振甫的一本《談藝錄》上題辭：「校書者非如觀世音之具千手千眼不可。此作蒙振甫道兄讎勘，得免於大舛錯，拜賜多矣。七月一日翻檢一過後，正若干字，申論若干處，未敢謂毫髮無憾也。即過錄於此册上，以貽振甫匡我之所未逮，幸甚幸甚。」兩人從此結下友情。値得一提的是，三十五年後，中華書局重出《談藝錄》的補訂本，又是由周振甫先生審定全稿，負責編輯。這不禁令錢鍾書先生「誦『印須我友』之句，欣慨交心矣。」在送給周先生的那本新版《談藝錄》上，錢先生又寫下了這樣的話：「此書訂正，實出振甫道兄督誘。余敬謝不敏，而君強聒不舍。餘戲謂，諺云『烈女怕纏夫』者，非耶？識此以爲他日乞分謗之券。」

據說，以錢鍾書博大精深的學術造詣，當今之世能與之對談之人，已經鳳毛麟角，而周振甫就是其中之一。這從《管錐編》一百多字的短序中也能讀到點信息：「命筆之時，數請益于周君振甫，小叩輒發大鳴，實歸不負虛往，良朋嘉惠，並志簡端。」而周振甫的確也稱得上是錢鍾書的知音。他在編就《管錐編》時，曾賦詩一首高度概括了《管錐編》的成就：

高文何綺數誰能，談藝今居最上層。
已探驪珠遊八極，更添神智耀千燈。
九州論學應難繼，異域憐才倘有朋。
試聽簫韶奏鳴鳳，起看華夏正中興。

周振甫的名字已經與錢鍾書緊緊聯繫在一起，錢鍾書的巨著是不朽的，而《談藝錄》、《管錐編》背後的周振甫，歷史也永遠不會忘記。可周振甫從來沒有以此自傲，始終對錢鍾書懷有深深的敬意。他總是不遺餘力，在各種場合，以各種方式宣傳錢鍾書的著作，現今「錢學」欣欣向榮，遍及海內外，周振甫等人的初創之功實在應該記上一筆。

周振甫除了做過錢鍾書的《談藝錄》、《管錐編》的責任編輯外，還編輯了錢基博的《中國文學史》。一九九八年十一月二十五日，周振甫先生給我來過一封長信，談及編輯《中國文學史》的有關情況，彌足珍貴，茲將有關內容引述如下：

當時我到過武漢，會見錢鍾霞，問起錢基博師的著作。她說，有讀書筆記很多。紅衛兵抄家時，對筆記認爲看不懂，只看見每篇末了寫了中華民國的紀年，用的是國民黨的年份，是反動的，都燒了。後來的《中國文學史》，是錢師的學生彭祖年寄給我的。錢師的《中國文學史》只編到元代，明清沒有。我把商務《萬有文庫》中錢師寫的《明代文學》接上，王紹曾同志將《光華半月刊》中的錢師寫的《清人文集敘錄》作爲附錄，一併投給中華書局。中華接受了，說書是解放前寫的，解放後有的提法不同，命我編輯。我在看稿中改動的有三處：一，提法，用現在的提法。二，補充，錢師於唐代文學，只介紹了李杜等作家，其他人只提名而不作介紹，我補作介紹。三，刪，對於元代，有些提法不當，進行刪改。加工後，交上去時，說明請送交錢先生審定。豈知中華鎖進鐵箱，不交錢先生審定。當時，我寫有後記，請錢先生審改。錢先生只改動一處，所以我認爲投給中華是無問題的。過了幾年，中華將錢師的《中國文學史》發排。錢先生寫信責問我將錢師書稿交中華出版。我問中華，原來不曾送請錢先生審定。我將全部原稿送請錢先生核定。錢先生看了原稿，說他父親提到的人我作補寫可以，他父親沒有提到的人，不作補寫為好。他父親沒有提到的，就是李清照，因此我刪去了對李清照的補寫。他看了我寫的《後記》，認為他忘了，此後寫信說，他父親的《中國文學史》，只有我一個化過工夫，把稿費給我。我不接受，我寫信給哈爾濱師大吳忠匡。吳來信說，錢師嫁女時說，他寫的《中國文學史》、《孫子注》，作為女兒的嫁妝。這樣，《中國文學史》的稿費自然歸鍾霞，當時鍾霞去世，自然歸其夫石聲淮了。《中國文學史》的稿費問題，錢先生不再提了。

同一封信中，周先生還談到了他和人合編《錢鍾書〈談藝錄〉讀本》的有關情況，可以看出錢鍾書既重友情又講原則的個性，還有兩位老友之間的有趣的「衝突」：

上海教育出版社邵桂貞同志親自到廈大約鄭（朝宗）先生寫《管錐編》讀本，鄭先生答應了。邵桂貞問他，約我寫《談藝錄》讀本怎樣，鄭先生也同意了。因此，邵桂貞寫信來約我。我因冀勤先退休，又說她原在文學編輯室工作，認識文編室的同志。錢先生書中引用的外文，她可以向文學編輯室瞭解。其實後來她沒有請文學編輯室同志幫忙。

我因不懂外文，就請她合作。錢先生寫好了《管錐編》，就約我看。我想，錢先生瞭解我的水平，爲什麼約我看，其實，文研所中的老先生，這時還未解放，他不便請他們看。文研所中的青年，曾經鬥過他，他不願叫他們看，所以約我看。我把邵的約稿告訴他，他很不高興，他知道我和冀勤的水平，都不能談他的書，卻要談，所以不滿。可是他不說，卻說上海教育出版社約人談他的書，先不和他聯繫，不對，又認爲我在同意約稿前先不徵求他的意見，是先斬後奏，很不高興。又說，他的書沒什麼可談的，不必費力去談。原來他認爲外面的人不瞭解他，喜歡談他，可以諒解。我應該瞭解他不願人家亂談他的書，卻接受約稿，更不滿意。因爲他不說我們的水平不行，光說他的書沒什麼可談的，徒然費力。我想既有邵的約稿，又我約了冀勤，不能不寫。到我們交稿後，邵來信說，要錢先生夫婦的照片。我告訴錢先生。錢先生回信說，你是我的朋友，我看在朋友的面上，沒有反對你談我的書，倘你把我們夫婦的照片寄去，我同你絕交。我怕他絕交，就不敢寄照片。後來書出版後，我們在書中引用錢先生原文，還是算了稿費，由冀勤同志轉去的。鄭先生有心臟病，遵醫囑，不寫稿，所以《管錐編》讀本不寫了。邵見我們寫了《談藝錄》讀本，再來信約我們寫《管錐編》讀本，我不敢答應了。後來，鄭先生發病死了，很可惜。

二、震驚歐美

錢鍾書復出後第一次出國是在一九七八年九月，出席在意大利北部山城奧蒂賽依召開的第二十六屆歐洲漢學會。中國代表團由中國社會科學院的副院長許滌新率領。會議的第二天，錢鍾書登臺演講，用標準倫敦音的英語，神采飛揚、旁徵博引地論述了中國和意大利之間文化交往的歷史，預測了中國和歐洲文化間交往的良好前景，祝願「馬可波羅橋（盧溝橋）將成爲中歐文化長遠交流的象徵。」錢鍾書的演講，使得會場空前活躍起來；演講後他在回答各國學者的提問中，把英、法、德等國的文學典故、民間諺語，信手拈來，如數家珍，語驚四座，更使會議進入了高潮。法國學者于伯儒用漢語提問，錢鍾書當即用法語援引法國文獻加以回答，于儒伯聽了，立即大聲地說：「他知道的法國東西，比我還多！」引起全場一片讚歎。他的博學、他的才華、他的機敏、他的幽默、他的深刻，也給同去的中國同行留下了極爲深刻的印象。

第二次出國是隨由副院長宦鄉率領的中國社會科學院代表團先訪巴黎，再抵美國。赴美之前，他與夏志清重新接上了聯繫。他們第一次會面是在一九四三年秋天的一個晚上，距今已三十多年未見。而夏志清的《現代中國小說史》第一次將《圍城》和錢鍾書作爲重要作家作品加以介紹，使世人重新發現了《圍城》的經典意義。「知音世所稀」，可以說，沒有夏志清就沒有後來的「《圍城》熱」。幾年前，夏志清以爲錢鍾書已經去世，還特別寫了篇長文悼念他，沒想到很快就能與錢鍾書在紐約相見，夏志清十分激動，立即給錢鍾書寫了一封信，興奮之情溢於言表。錢鍾書收到來信，也很高興，馬上回了一封熱情洋溢的毛筆信，信中把夏志清比作鮑叔牙，可見他對夏志清的知遇充滿了感激之情：

志清吾兄教席：闊別將四十年，英才妙質，時時往來胸中；少陵詩所謂「文章有神交有道」，初不在乎形骸之密、音問之勤也。少年塗抹，壯未可悔，而老竟無成！乃蒙加以拂拭，借之齒牙，何啻管仲之歎「知我者鮑子」乎！尊著早拜讀，文筆之雅、識力之定，迥異「點鬼簿」、「户口冊」之倫，足以開拓心胸、澡雪精神，不特名世，亦必傳世。不才得附驥尾，何其幸也！去秋在意，彼邦學士示 Dennis Hu 先生一文論拙作者，又晤俄、法、捷譯者。洋八股流毒海外，則兄復須與其咎矣。一笑。社會科學院應美國之邀派代表團訪問，弟廁其列。日程密不透風，尚有登記請見者近千人，到紐約時當求謀面。但嘈雜倥傯，恐難罄懷暢敘；他日苟能返國訪親，對床話雨，則私衷大願耳。新選輯舊作論文四篇爲一集，又有《管錐編》約百萬言，國慶前可問世；《宋詩選注》增注三十條，亦已付印。屆時將一一奉呈誨正，聊示永以爲好之微意。內人尚安善，編一小集，出版後並呈。秦女士名門才媛，重以鄉誼，而當日人多以談生意經爲主，未暇領教，有恨如何？晤面時煩代致候。弟明日啓程，過巴黎來美。把臂在邇，倚裝先覆一書，猶八股文家所嘲破題之前有壽星頭，必爲文律精嚴如兄者所哂矣。匆布

即叩

近安

弟錢鍾書敬上　楊絳同候　四月十三日

沒幾天，中國社會科學院訪美代表團由費孝通率領來到了美國。活動安排得很緊湊，四月二十三日早上九時，哥倫比亞大學校長在行政大樓會議室請中國代表團喝咖啡；十二時教務長招待代表團在哥大俱樂部吃午餐；下午四點，東亞研究所在國際關係研究院大樓舉行招待酒會。空檔時間則安排了中國代表團與美國同行教授交流和會談。夏志清就抓住上午的空檔，在辦公室與錢鍾書交談了近二小時。夏志清望著辦公室窗外仿希臘神廟式的行政大樓，心想竟會在這裏再見到錢鍾書，實在不可思議，兩人都很興奮，談著往事、談著各自的生活、談學問。

他們從夏志清的《現代中國小說史》談到《圍城》的外文譯本，再談到古典小說、談到《紅樓夢》，談到這幾十年來的人生坎坷。錢鍾書談話時，有時中文，有時英語，還不時夾一些法文成語詩句，法文咬音之準、味道之足，令夏志清十分驚異。談到《談藝錄》時，錢

鍾書說這三十多年來又讀了不少書，自感對《談藝錄》不太滿意。他說當年有些嘲笑洋人的地方是不應該的。以前他看不起意大利哲學家克羅齊，現在把克羅齊全集讀了，對他的學識見解大爲佩服。由克羅齊，又講到了十九世紀意大利著名文學史家德・桑克蒂斯，錢鍾書連桑克蒂斯的巨著《意大利文學史》也讀了。更讓夏志清驚訝的是，錢鍾書還讀了大量的代表西方最新潮流的文學作品和學術著作，法國當代作家羅伯－格裏耶（Alain Robbe Grillet）、德國當代作家伯爾（Heinrich Boil）的小說，還有結構主義人類學家列維－斯特勞斯（Claude Levi-Strauss）和結構主義文論家羅蘭・巴特（Roland Barthes）等人的著作他都讀了。

下午二時到四時，是錢鍾書同哥倫比亞大學研究生、教授會談的時間。夏志清把錢鍾書帶到懇德堂四樓的研究室，有不少人早已在那裏等候錢鍾書。開講以後，人數還在不斷增加，有的還是遠道而來，濟濟一堂，十分熱鬧。這個座談會事先並無準備，但錢鍾書以其出衆的英語口才，有問必答，語驚四座。事後一位專治中國史的洋同事對夏志清說，生平從未聽過這樣漂亮的英文，他的記憶中只有一位哈佛的教授差堪與錢鍾書相比。其實錢鍾書一九七八年赴歐洲訪問前，有近三十年沒有同外國接觸了，英文照舊出口成章，這不能不讓人歎服。夏志清曾在《追念錢鍾書先生》一文中寫道：「我國學人間，不論他的同代或晚輩，還沒有人比得上他這麼博聞強記，廣覽群書。」這次經過與錢鍾書的接觸晤談，夏志清更相信像錢鍾書這樣的奇才，近百年來中國還沒有第二人堪與相比。

座談會剛開始，一些研究生不免怯場，不敢提什麼問題。碰到這樣的場面，夏志清只得自己發問或說些幽默話，調動調動學生的積極性。夏志清帶著輕鬆的語調說道：「錢先生的中西學問我無法同他相比，可是美國電影的知識我遠比他豐富，現在我要考考他，珍芳達是誰？」不料錢鍾書竟馬上回答道：「這位明星，是不是最近得了個什麼獎？」他的回答大大出乎人們的意料，他們不知道錢鍾書雖然人在北京，但涉獵的西文報刊卻頗廣，所以自然知道這位當紅的左派國際明星。

夏志清的一位學生正在寫《平妖傳》的論文，也趁機向錢鍾書請教。錢鍾書當即提名討論了兩三位主角，並說這部優秀小說最後幾章寫得極差。錢鍾書讀這部小說可能已是四五十年前的事了，但他至今記憶猶新。後來在招待酒會上，夏志清的一位華裔同事抄了一首絕句請教錢鍾書，這首詩通常認爲是朱熹的作品，卻不見於《朱子全書》，這位同事爲此困惑已久。錢鍾書一看，馬上指出此詩並非朱熹作品，並說出此詩初刊於哪一部書。兩個小時的座談，錢鍾書似乎不是在發言，而是在表演，贏得了滿堂熱烈的掌聲。

緊接著代表團訪問了柏克萊加州大學。那天下午，錢鍾書由漢學家白之教授（Cyril Birch）等人陪同，來到加大東方語文學的接待室與加大中文系的教授們座談。他身穿一身藏青色人民裝，溫熙和藹，戴一副新型的黑框眼鏡，整齊的白牙，望之儼然四十許人，用當時參加座談的水晶的話說「漂亮齊整得像晚年的梅蘭芳先生」。水晶先生在《兩晤錢鍾書先生》一文中，對錢鍾書在加大的活動作了詳細的描述：

當他進入系接待室時，錢鍾書和教授們的談話已進行了一半，話題正轉入《金瓶梅》，因爲加大一位女生 Vicky Cass 的博士論文就是研究的《金瓶梅》。錢鍾書說：「《金瓶梅》是寫實主義極好的一部著作，《紅樓夢》從這本書裏得到的好處很多。儘管如此，在中國的知識分子間，《金瓶梅》並不是一本盡人可以公開討論的書，所以我聽說美國有位女教授在講授《金瓶梅》這本書時，嚇了一跳，因爲是淫書，床笫間穢膩之事，她怎麼教？」

接著錢鍾書從寫實主義說開去，「花開兩朵，各表一枝」，談到作家所犯的「時代錯誤症」（anachronism），像《金瓶梅》裏的諺語：「南京沈萬三，北京枯樹灣」，那《金瓶梅》故事發生的北宋年代，只有東京（開封）、西京，而無南京、北京之分，那應該是明朝人的口吻。因此 nit-picking 的餖飣小儒，就會大做文章，挑剔作者的不是。」錢先生一面說，一面在一張便箋上，寫下「南京沈萬三，北京枯樹灣，」的字樣，給大家看，字是行書體，容長秀媚，雖然不是瘦金體的。他有解釋說，有三十年沒碰《金瓶梅》了，但是引證這兩句諺語時，恍如昨晚剛翻閱過，這大概是錢鍾書先生最大的能耐之一，就是讀書過目不忘，若有神助，西洋人所謂「照相術的記憶力」是也。

從《金瓶梅》，水晶又想起了《肉蒲團》這本淫書來，便問錢鍾書對《肉蒲團》的看法，錢鍾書立即用英文侃侃而談：

《肉蒲團》寫得最成功的地方是文字清簡流暢，一洗同類春宮小說 erotic novels 的凡俗與累贅。《肉蒲團》自有其嚴肅的一面，所以可以被看作性質嚴肅的小說，同時寫得非常雋永風趣（witty），令人閱後大快朵頤，也是肉書的好處之一，像其中有一女主角（錢先生未指出其姓名來，我猜想是權老實的老婆豔芳），便患了近視眼，美人近視，就像美國詩人所寫的 Men seldom make passes at girls who wear glasses（男人很少會向戴眼鏡的女人吊膀子）。

許多人對文革後的中國大陸十分感興趣，所以問了很多話題，有問曹禺，有問吳組湘的，還有問丁玲和吳祖光的，錢鍾書都做了一一回答。大家七嘴八舌，問了很多問題。張洪年問錢鍾書，海外的作家，象白先勇等人的作品錢鍾書有沒看過，錢鍾書說看過於梨華，並且稱讚於梨華的作品寫得很聰明：「She is very clever，她很聰明。」

在柏克萊演講完畢，錢鍾書又來到加州大學史丹佛校區，在那裏，由東方語文系的上田教授，和前系主任劉若愚先生作陪，在史丹佛校區作了一次演講，柏克萊大學許多沒能聽到錢鍾書講座的同學，也跑過來。錢鍾書的演講和座談同樣是十分精彩，舉座皆驚，讓許多美國學生佩服得五體投地，覺得不可思議。

三、扶桑東訪

一九八〇年十一月，古寺蒼松的日本古城京都迎來他們久已仰慕的客人——錢鍾書。

錢鍾書是隨中國社會科學院訪問團到日本訪問的，京都大學人文科學研究所舉行了懇談會，在人文研究所長福永光司、名譽教授小川環樹、名譽教授前所長桑原武夫、教授荒井健等人陪同下，錢鍾書發表了精彩的演說。那天，除了人文研的成員外，文學部的中文教授清水茂、助教授興膳宏以及研究生都來聽講，錢鍾書穿著一套藏青色的人民裝，閒雅雍容，丰神俊朗。荒井健教授致歡迎詞後小川環樹教授介紹了錢鍾書的著作與生平，這兩位教授都與錢鍾書有著特別的交往。當年《宋詩選注》出版後，儘管錢鍾書自己並不滿意這個選本，認爲應選的不選，不應選的卻選了，但還是遭到集中批判，被樹爲「拔白旗」的典型。就在一些人鼓噪著圍攻時，小川環樹在京大《中國文學報》上發表了書評，給予《宋詩選注》以高度的評價，於是群喙立息，《文學遺產》編者爲此向錢鍾書表示歉意，後來錢鍾書收到了小川寄來的書評，兩人從此訂交。七十年代中期，海外誤傳錢鍾書死訊，與錢鍾書早有文字之緣的荒井健教授也寫下了飽含深情的「悼念」，錢鍾書讀到後，自然十分感動。後來，荒井健、長島長文、中島碧還合作把《圍城》翻譯成日文，易名爲《結婚狂詩曲》。

這次座談會隨意性頗強，大家隨意發問，並沒有什麼明確的中心。有人提出一個小問題作爲引導，問的是當年錢鍾書入清華大學的數學成績是不是零分的問題。錢鍾書笑著回答說，去年訪美，看到兩篇以他爲研究對象的博士論文，這個傳聞也赫然在目。其實也不是只有零分，而是稍高的十五分，當然十五分也還是不及格。因爲中英文成績都不錯，當年的羅家倫校長就破格錄取了他。在隨後的座談中，錢鍾書專門談到了對外國文學的態度問題。他說自己近年來，多看意大利十六、十七世紀的短篇小說，發現它們的寫法與中國的掌故式小說極爲類似，這很値得硏究，這種比較文學的研究，有助於加深對本國文學的瞭解。錢鍾書還談到，心理分析、意識流等西方文論流派，在日本早已是「古老的時興品，照價八折」，現在中國大陸也開始了，但這些文學批評的方法無論喜歡與否，無論如何區分，馬克思主義都是重要的一環，不能不好好瞭解。當然，闡釋馬克思主義的學派很多，在敏於翻譯、善於吸收的日本，恐怕更是五花八門了。倘若果然如此，錢鍾書希望京大的朋友不妨寫一點評介文章。

有人問到文革期間錢鍾書有沒有寫過什麼小說？錢鍾書又提起《圍城》之後，曾打算寫一本自己比較滿意的、以女主角爲中心的小說，取名《百合心》，而且已經寫了幾萬字，不料從上海搬到北京時不幸丟失了，此後也就再也沒有機會和心情再寫。大家聽了都感到可惜，錢鍾書說，雖然有點可惜，但也避過了若干麻煩。後來他年華漸老，便沒有繼續創作的興趣了。談到大陸近年引起爭論的「傷痕文學」，錢鍾書說，依他個人的見解，從文學史的眼光來看，歷代的文學主流都是傷痕文學。成功的、重要的作品，極少歌功頌德，而是作者身心受到創傷、苦悶發憤之下的產品。二千年前司馬遷《史記·自序》的名言，實在深具卓見。在國內，因爲長久以來人們都聽慣了讚美詩，一旦見到眞正反映現實的作品，自然引起詫異和爭論了。其實，這不過證明，以前三十年來所謂的現實主義的文學實在並不現實而已。

最後有人開玩笑地問錢鍾書怎樣評價他父親錢基博的《現代中國文學史》，錢鍾書自嘲地輕笑說：不肖！不肖！然後謹愼地說，他們父子關係的好，是感情方面的好；父親對自己文學上的意見，常常並不贊同。不過，錢鍾書誇獎了他父親有許多優點，比如開明、寬容，從不干涉自己的發展。他又說到《現代中國文學史》裏，有許多掌故，是一本很有趣味的書；而現代方式的文學批評成分似乎少了一點。錢鍾書非常婉惜地說，父親其實還有許多未刊的遺稿，包括日記、文集等等。因爲晚年與幼女同住，所以稿本多存於華中師大女婿的家裏，文革時期被紅衛兵統統燒了！錢鍾書感歎地說：這和同一時期、同一環境之下，楊絳爲了避禍，把他珍藏的小川環樹的信統統付之一炬，以免「裏通外國」的口實，同樣是無法彌補的損失。

二十日，錢鍾書率代表團抵達著名的早稻田大學，早稻田大學同樣舉行了一次懇談會。錢鍾書爲早稻田大學準備的是專題演講《詩可以怨》，講述孔子以來「詩可以怨」涵義的歷史演變。整個講座生動而活潑，錢鍾書在開頭就說：

到日本來講學，是很大膽的舉動。就算一個中國學者來講他的本國學問，他雖然不必通身是膽，也得有斗大的膽。理由很明白簡單，日本對中國文化各個方面的卓越研究，是世界公認的；通曉日語的中國學者也滿心欽佩和虛心採用你們的成果，深知道要講一些值得向各位請教的新鮮東西，實在不是輕易的事。我是日語的文盲，面對貴國「漢學」或「支那學」的豐富寶庫，就像一個既不懂號碼鎖、又沒有開撬工具的窮光棍，瞧著大保險箱，只好眼睜睜地發愣。但是，盲目無知往往是勇氣的源泉。意大利有一句嘲笑人的慣語，說「他發明了雨傘」（ha inventato l'ombrello）。據說有那麼一個窮鄉僻壤的土包子，一天在路上走，忽然下起小雨來了，他湊巧拿著一根棒和一方布，人急智生，把棒撐了布，遮住頭頂，居然到家沒有淋得像落湯雞。他自我欣賞之餘，也覺得對人類作出了貢獻，應該公諸於世。他風聞城裏有一個「發明品專利局」，就興沖沖拿棍連布，趕進城去，到那局裏報告和表演他的新發明。局裏的職員聽他說明來意，哈哈大笑，拿出一把雨傘來，讓他看個仔細。我今天就彷彿那個上註冊局的鄉下佬，孤陋寡聞，沒見識過雨傘。不過，在找不到屋檐下去借躲雨點的時候，棒撐著布也還不失為自力應急的一種有效辦法。

一席風趣幽默的開場白，聽得滿座哈哈大笑。錢鍾書雖然不會日語，但是他的智慧和修養卻讓許多日本友人敬佩不已，留下了深刻的印象。這篇《詩可以怨》也成爲比較詩學的經典名篇。

四、晚年光景

復出以後，時間似乎過得特別快，除了出訪過幾次，錢鍾書一直過著幾乎隱居的平淡生活。雖然一九八二年以後，他還兼任著中國社會科學院的副院長之職，可他卻是唯一一位不用上班、沒有辦公室的副院長，掛掛名而已。他還有中國文聯四屆全國委員、國務院學位委員會第一屆評議組成員、全國政協委員等社會兼職、學術兼職，不少大學以最優厚的條件邀請他，他一概謝絕。一九八四年底，普林斯頓大學邀請他去講學，他拒絕了。法國總統密特朗的夫人、顧問及法大使皆邀請訪法，他概「以『老懶』爲詞敬謝。」法國政府要授予他勳章，嘉獎他「中法文化貢獻」之勞，他也「以素無此勞，不敢忝冒，囑院部堅辭」。他的《圍城》先後被翻譯成法文、日文、捷克文、挪威文、西班牙文等文字，法國巴黎布熱瓦出版社出版了法譯本的《詩論五篇》、哈佛亞洲中心出版了英譯《管錐編》選本，開始產生世界性的影響。一九九〇年，由孫雄飛編劇、黃蜀芹導演的電視連續劇《圍城》的中央電視臺播出，出現了萬人空巷的盛況，也使錢鍾書及其《圍城》成爲一個家喻戶曉的人物。

錢鍾書夫婦搬到了北京西城三裏河，與釣魚臺國賓館隔街相望。這時他們全家都比較安定，在北京師範大學外語系任教的女兒錢媛剛去英國留學，專攻英國語言和文學，女婿是北京市建築設計院的工程師，畢業於哥倫比亞大學。家裏沒有放什麼豪華陳設，除了日常生活必需的桌、椅之外，就是一些圖書，都是《十三經》、《佩文韻府》之類的工具書和外文原版書；一對舊式沙發布面已洗得發白。書桌、書架上還隨意擺放了幾尊古玩，有銅菩薩、銅酒杯，還有虎符、豬符之類。那只銅豬符是錢基博當年作爲禮物送給楊絳的，因爲楊絳屬豬。牆上掛著陳衍老先生的詩，是當年他書贈錢鍾書夫婦新婚的詩，寫作這首詩時，陳衍已經八十多歲：

青眼高歌久，於君願已奢。
旁行書滿腹，同夢筆生花。

對影前身月，雙煙一氣霞。
長風過萬里，不是浪浮家。

平常的時候，他讀書、作文、覆信，見見一些老朋友，也很是忙碌。一九七九年，老朋友吳忠匡路過北京，來看望錢鍾書。兩人已經三十年多年沒有相見，乍見之下，有著說不完的話題。吳忠匡感謝錢鍾書四月間訪美歸來寄贈給他的英制煙斗，錢鍾書狡黠地擺擺手說：「我自來不吸煙，好比閹官爲皇帝選宮女，不知合用否？」說完，哈哈大笑。可是，當他們談到十年浩劫中彼此的遭遇，談到那些已經天人永隔的朋友，他們沈默了，那眞是場不堪回首的噩夢啊！

除了舊朋新知，錢鍾書還要接待一些慕名前來的中外人士。一九八〇年六月，荷蘭學者佛克馬（Douwe Fokkema）到北京大學訪問，張隆溪陪他與北大以及社科院的學者座談，並擔任翻譯。佛克馬對張隆溪的翻譯很是滿意，想要張隆溪陪他去見錢鍾書。張隆溪很想去，又有點害怕，因爲有人告訴他，錢鍾書的脾氣很怪：

我當然知道錢先生不需要翻譯，但我很想見見這位學貫中西的大學者，便慨然應允。北大外事處一位辦事員知道後卻對我說，錢鍾書是咱們國家有名的學者，可是他的脾氣很怪，不講情面，如果他不喜歡一個人，臉色上立即就表現出來，讓你覺得很難堪。他又說，我們可以讓你去，但如果談話中你看氣氛不對，最好中途就先走。

錢鍾書沒有給他們什麼「臉色」，相反卻和佛克馬交談甚歡，兩個人談論了很長時間。開始錢鍾書以爲張隆溪是外事辦的人，沒有跟他多說話，可是後來談到弗萊的《批評的剖析》（Anatomy of Criticism），張隆溪發了言，表達了自己的觀點，錢鍾書對他的話很感興趣，對他說，中國現在大概還沒有幾個人讀過弗萊的書。當時，北大圖書館也沒有《批評的剖析》，張隆溪的那本是一位美國朋友遠隔重洋寄給他的。他們談得很投機，臨走時，錢鍾書送了佛克馬一本《舊文四篇》，也給張隆溪一本，並用毛筆題上了字，還把家裏的電話都告訴了張隆溪。後來，張隆溪也就成爲錢鍾書家的常客，錢鍾書對他頗爲賞識。

一九八五年，當時任中國新聞社香港分社記者的林湄小姐到北京，很想採訪錢鍾書。她在香港和北京採訪過不少文壇名將，唯獨沒有機會見錢鍾書。於是便托《文藝報》的吳泰昌幫忙。吳泰昌給錢鍾書打電話，轉告林湄的希望，錢鍾書警覺地說：這不分明是引蛇出洞嗎？謝謝她的好意，這次免了。可林湄見難而上，非見不可，於是他們只得採取突然襲擊的方式。當然，吳泰昌心裏也忐忑不安，生怕大家下不了臺。誰知那天錢鍾書開門一見是吳泰昌，便哈哈笑道：「泰昌，你沒有引蛇出洞，又來甕中捉鱉了！」說來奇怪，在林湄不斷的逼問下，錢鍾書最後還是無奈地一一回答。

不過，由於他的直率和淡泊，錢鍾書也每每容易得罪人。他拒絕一切身外的名利，耿介絕俗，從不虛與委蛇。連華中師範學院想為錢基博老先生作百歲誕辰的紀念會也被他勸阻。他在信中說：「盛誼隆情，為人子者銘心浹髓。然竊以為不如息事省費。比來紀念會之風大起，請帖徵文，弟概置不理。今年無錫為先叔父舉行紀念會，弟聲明不參預。三不朽自有德、言、功業在，初無待於招邀不三不四之閒人，談講不痛不癢之廢話，花費不明不白之冤錢也。貴鄉王壬秋光緒九年日記載端午絕句云：靈均枉自傷心死，卻與閒人作令辰，概乎言之。可以移詠流行之某某百年誕辰紀念會矣。」他在給朋友的信中，也坦露了自己的心聲：「兄平生素不喜通聲氣，廣交遊，作幹乞，人謂我狂，不識我之實狷。老來歲月，更無閒氣力作人情。」

當然，錢鍾書也絕對不是不近人情的孤獨怪僻之人，他對於那些有心向學的年輕人，從來都是傾力幫助，誨人不倦的，對素不相識的後輩晚生也平等交流。六七十年代，王水照就經常在乾面胡同聽錢鍾書長談。王水照回憶說：「他喜歡在房間裏邊走邊高聲談話，有時為自己的善譬妙喻爽朗大笑；有時逼近我的面前，提個問題考考，如果偶爾能答上一二句，他就不無揶揄地誇說幾句；有時他取出他的讀書筆記說上一番。他的讀書筆記本也頗與眾不同，滿頁密密麻麻，不留天地，一無空隙，但他一翻即能找到所需之處。每次談話，總是整整一個下午，直到不能不告辭的時候。……從他的這些日常談話中，我才稍稍窺探到中國學術文化深邃浩瀚的境界，才領悟到一些眞切的藝術底蘊。」他還常常和年輕人開開玩笑，王水照手上有一本錢鍾書送他的《宋詩選注》，上面有錢鍾書的題字：「水照不肯購此書，而力向余索之，余堅不與，至重印時方以自存一册贈之，皆慳吝人也。然而水照尤甚於余。一笑。」

王安石《重遊草堂寺次韻三首》其一云：「鶴有思顒意，鷹無變遁心。」上句用周顒鶴事，沒有什麼疑義；下句用支遁鷹事，就有些歧義。李壁注云：「支遁好養鷹馬而不乘放，人或譏之，遁曰：貧道愛其神駿耳。」錢鍾書《談藝錄》指出：李注未言所引何書，他廣徵文獻，大都只言支遁養馬而未道及養鷹之事；且指出「神駿」只能形容「馬」而不能用於「鷹」。當時尚屬年輕學子的劉永翔向他提供了一條材料，李注原文出於晉許恂集，見於唐許嵩《建康實錄》所引。錢鍾書獲知後大喜過望，如珠船忽獲，疑冰大渙，並進而博引書證推斷許恂集當時即流行不廣，致使唐初以來人們只知支遁好馬而未及鷹。錢鍾書不僅屢次褒獎感謝劉君，而且在補訂本中特地標出劉君大名，以志不忘所自。對於那些可以信賴的知友，他更是相待以誠。已故戲劇家陳西禾，落落寡交，錢鍾書對他卻時在存問。陳西禾在滬病危，他聞訊遠道代爲延醫求診，關念備至。

錢鍾書儘量避免他人煩擾的態度，主要是想利用有限的時間，多做些自己想做的事。可想見他的人太多了，每天的來信就有一大堆，錢鍾書自嘲自己幾乎成了「寫信的動物」。當然，也有一些朋友可以隨時來訪，而不必事先電話預約。人民文學出版社擔任《圍城》責任編輯的黃伊就有幸廁列其間。他從一九八三年起就做《圍城》的責編。每次拜訪，黃伊在門上「篤篤篤」輕叩三聲，錢鍾書就會親自開門迎候，說聲「恭候大駕光臨！」黃伊實在不好意思，忙說：「不敢當，不敢當！」一九九〇年，出版部通知黃伊，《圍城》因多次印刷，紙型壞了，要重排。黃伊請示錢鍾書，有沒有什麼地方需要修改。錢鍾書說：「書的內容不改了，封面也不要動，但題簽得改用楊絳新寫的。我的書她給我題，她的書由我來題。」略停一會兒，又說：「等重排本出版，我要送一本給你，並且寫上幾句話。」黃伊知道他不輕易給人題字，怕他以後忘了，忙添上一句：「一言爲定！」後來錢鍾書果然沒有食言，題了一本相贈，在襯頁上寫道：「伊兄存覽。此書最近三次重印，皆承兄費力操心，聊奉一册，以表謝忱，並志交誼，所謂『秀才人情紙一疊』也。」簽了名，還蓋了章。黃伊眞的知足了，名人的字，一字千金，錢鍾書一下子寫了四十一個字，字貴，而情誼更無價。

《圍城》連印數次，仍是供不應求，於是盜版本開始盛行。黃伊發現了兩種盜版本，十分惱怒，馬上寫信告訴錢鍾書：「盜版本說多難看有多難看，我不敢送來呈覽，如果閣下見到，我怕您會心跳加速……」。不料錢鍾書竟十分從容，回信說：「商人要賺錢，利之所至，固在意料。」但到大年三十夜裏，黃伊突然接到錢鍾書來信，以爲是老人家要搶先拜年，拆開一看，才知道是爲盜版本發怒：「盜印本紙質劣，印刷拙，惡俗封面擅加，而售價昂貴，盜印牟利，無法無恥，膽大臉厚，乃至於此！」而且希望出版社不能「視而不見，裝聾作啞，聽而任之。」這頓火發得不小，又逢過年，黃伊唯恐他年紀大了，傷了肝火，大年初一一大早趕緊給錢鍾書打電話，隨即出版社又發了一個《鄭重聲明》。後來，對《錢鍾書人生妙語》、《彙校本》等變相的盜版，錢鍾書委託人民文學出版作爲他的代理人，提起了訴訟。錢鍾書說：「不爲其他，我姓了一輩子錢，難道我對錢還那麼感興趣嗎？我只是用實際行動，維護著作權法的尊嚴！」

錢鍾書逃名如逃役，隱居不出，可他並不是不問世事的學者，熟悉他的朋友都說在他平靜恬淡的表面下始終隱藏著一顆憂國憂民的火熱的心。當年寫作的《管錐編》中大量社會批判、思想批判甚至現實批判的內容早已表露出錢鍾書對現實的關懷。遇到一些談得來、說得上話的朋友，他依然會放言評論社會上種種人事，對那些歷次改造知識分子的政治運動中昧著良心、出賣靈魂的人，錢鍾書極爲蔑視；對那些在名利場或官場中廝混的知識分子，錢鍾書尤其反感，罵他們是市儈、風派。陳丹晨回憶說：「他自己甘於澹泊，置身名利場外，對政治角逐從來反感。但他同時卻熱心關注社會現實變化和進步。我每次到他那裏，他總是很有興趣聽我講些社會生活和文藝生活中的見聞。他完全不是一般人想像的那樣一個不食人間煙火的現代隱士，而是熱情洋溢、愛憎分明，對生活懷有強烈的激情，就如他自己所說的憂世傷生。我一直認爲他在冷漠的表面下隱藏著一顆火熱的赤子之心。」一九八九年，他寫下了著名的《閱世》，顯示了對中國命運的先見卓識：

閱世遷流兩鬢摧，塊然孤喟發群哀。
星星未熄焚餘火，寸寸難燃溺後灰。
對症亦知須藥換，出新何術得陳推。
不圖剩長支離叟，留命桑田又一回。

八十年代中期以後，錢鍾書的身體越來越不好，一九八六年二月，他在林子清的紀念册上，用鋼筆寫下一篇四百多字的短文，最後一句是「故人契闊，舊夢迷茫，子清這篇文章也是提醒我自己是去日苦多的老翁了！」的確，錢鍾書那時已經開始感到生命的脆弱了。他本來就患有喉炎、哮喘和失眠等老年病，每年最難度過的是入伏之後那三十來天，還有立冬之前暖氣沒來的那十來天。每逢氣溫驟變，總是易得感冒，一感冒，必致哮喘，沒半個月二十天緩不勁來，眞的不堪其苦。他對友人說：「世間無藥可醫老。每病一場，健康即減退一分，恰如強國入侵，打個平手或轉敗爲勝已經不錯了；弱國若想盡收失地，那就失之爲妄想了。」

一九九三年春天，錢鍾書動了個大手術，被截去一個腎，在醫院裏住了兩個月。一九九四年夏天，因膀胱炎再度住入北京醫院，動了一個小手術。手術很成功，不料卻引發了大病——腎功能急性衰竭，此後就長期住院，再沒有出來。楊絳相伴左右，相濡以沫。錢鍾書進食有困難，不得不採取鼻飼的辦法。楊絳每天在家裏熬了雞汁或魚汁送到醫院，再與醫院裏的營養液混和在一起。據醫療專家說，通常的透析很容易產生依賴性，以致頻率越來越快。但錢鍾書卻是個例外，在楊絳和醫生的精心照顧下，他的腎功能竟慢慢地有所恢復。但是大病之後，錢鍾書卻再也沒恢復元氣，連他最愛的書都沒法讀了，只是嘴裏時常念念有詞，默誦著一些詩詞，消磨時間。

尤其令人扼腕歎息的是，他的女兒錢媛，竟先他而去。錢鍾書住院時，錢瑗經常到醫院看望陪護。一九九五年年底的一天，她在爸爸的病房裏忽然感到腰痛，當時以爲是扭傷了背脊，也沒在意，可是後來經北京幾家權威醫院專家會診，確診爲肺癌擴散到腰椎，馬上也住進了醫院。醫院、學校和錢瑗的丈夫怕影響錢瑗的情緒，也不願讓錢鍾書和楊絳擔憂，所以對他們三人封鎖了病情。錢瑗住的醫院比較遠，但她床頭有一部電話，每天她用電話與媽媽通話。楊絳也經常前去探望，她到一九九六年底才知道女兒的眞實病情。母女倆默默相守，難捨難分。一九九七年二月的一天，錢瑗感覺嗜睡，對前來探望的母親說：「媽媽，我只想睡覺，睡著了眞舒服，不要讓人叫醒我。」三月四日，五十九歲的錢瑗在沈睡中辭世。

病中的錢鍾書三個月後才得知這個消息。楊絳起初總是找托詞隱瞞他，錢鍾書雖然行動不便，思維依然清楚，他已經意識到女兒已經出事了。後來實在瞞不過了，楊絳只得說出了女兒去世的實情。這對病中的錢鍾書無疑是沈重的打擊。整整四年多，錢鍾書纏綿病榻，人消瘦得厲害，讓人不禁傷感地想起「冠蓋滿京華，斯人獨憔悴」的詩句。但錢鍾書眼光還像以前一樣明亮，見朋友來看他，只是眨眨眼睛，並不說話，長期的疾病折磨，使他連開口的力氣也沒有了。也許，他已看透了世事，看透了生死，不想再置一詞。

一九九八年十二月十九日七時三十八分，錢鍾書以八十八歲的高齡，在北京醫院逝世。他帶著滿腹經綸和超人的智慧，告別了人世間這座重重疊疊的「圍城」，駕鶴西歸。

遵照錢鍾書的遺願，告別儀式非常簡單，沒有花籃，沒有挽聯，甚至也沒有哀樂，只有十來位親友默默送行。在送別的最後一刻，與錢鍾書相守六十餘年的楊絳，執意要「再站兩分鐘」，她默默地站在那裏，似乎在回憶那遙遠的時光，回憶她和錢鍾書在水木清華的情景，回憶在海上的日子，回憶菜園相會的無限往事，回憶那似水年華、如煙往事……。

五、一代宗師

該到我們回眸這位文化崑崙的時候了。

錢鍾書在綿延幾十年的文化生涯中，貢獻了一批戛戛獨造的學術著作和精妙絕倫的文學作品。滄桑世事和風雨人生沒能阻斷他文化生涯的綿延，相反，在學術文化上，錢鍾書始終保持著挺進的犀利鋒芒，用他的著作創闢了一個深刻而獨特的話語空間，當之無愧地成爲一代宗師。早在半個多世紀前，吳宓教授就感慨：「自古人才難得，出類拔萃、卓爾不群的人才尤其不易得。當今文史方面的傑出人才，在老一輩中要推陳寅恪先生，在年輕一輩中要推錢鍾書，他們都是人中之龍，其餘如你我，不過耳耳！」鄭朝宗教授則認爲，錢鍾書的著作使人「驚歎於他書卷的豐富和才識的超群，頓生『叔度汪洋如千頃陂』之感」。

一九四一年，錢鍾書的《寫在人生邊上》由開明書店出版；一九四六年《圍城》在《文藝復興》上連載，並由上海晨光出版公司一九四七年出版；一九四六年短篇小說集《人・鬼・獸》由開明書店出版；一九四八年，《談藝錄》由開明書店出版；一九五八年，《宋詩選注》由人民文學出版社出版；一九七九年《管錐編》前四册由中華書局出版；一九七九年，《舊文四篇》由上海古籍出版社出版；一九八五年，《七綴集》由上海古籍出版社出版；一九八五年，《談藝錄》補訂本由中華書局出版；一九九五年，《管錐編》第五册由中華書局出版；一九九五年，《槐聚詩存》由三聯書店出版；一九九六年，《石語》由三聯書店出版；

一九九七年，《錢鍾書散文》由浙江文藝出版社出版；二〇〇一年，十種十三册的《錢鍾書集》由三聯書店隆重推出。此外，還有英文的《十七、十八世紀英國文學中的中國》、《感覺·觀念·思想》等以及沒有完成的《管錐編》續輯。關於《感覺·觀念·思想》，錢鍾書早在一九七二年的《管錐編·序》中就說：「又於西方典籍，褚小有懷，綆短試汲，頗嘗評泊考鏡，原以西文屬草，亦思寫定，聊當外篇。」可見，它是以西方文化典籍爲研究對象，恰好與以中國文化典籍爲研究對象的《管錐編》形成互補與互證，其氣象格局當與《管錐編》相當。據悉，錢鍾書大量未刊的中英文筆記手稿即將由商務印書館以《錢鍾書手稿集》爲名全部影印出版，其中應該包括論述西方文化的大量的筆記，相信手稿的出版必定會對錢鍾書著作的話語空間產生決定性的影響。

從《寫在人生邊上》、《圍城》到《談藝錄》、《管錐編》，錢鍾書用不同的手法、迥異的方式，思考與探索著人類文化與人類存在的根本問題，揭示出人類面臨的共同的文化境遇。《圍城》寫出了人的孤獨漂泊的本質，《人·鬼·獸》深入到了對人的靈魂的理解。《談藝錄》則從學術角度，尋求中西詩學的對話與溝通，《管錐編》更是融化中西，通過評注古代典籍，孜孜以求地探究與抉發人類文化的共同本質。錢鍾書的著作縱橫捭合，上下古今，英、法、德、意、拉丁文等西方語言隨意運用，文學、心理學、文化人類學、形式批評、哲學、宗教等人文學科自由穿梭，在學術層面與思想層面上都有著無窮的創見。它突破了中西藩籬，從不同的地域、不同時段的文化裏，找出共同的文化精神，進入人類文化反思的更高境界。錢鍾書是「圍城」裏一位深刻的智者，他寫在人生邊上，也寫在人生的深處。

錢鍾書的全部著作縱觀古今，横察世界，突破時間、地域、學科、語言的界限，穿梭輪轉，愼擇精研，形成了一個浩瀚淹博的現象學式的話語空間。其中旣有現象話語的發散，也有中西共同詩心文心的探求，旣有深刻辯證的智慧之光，也有洞燭抉幽的思想火花，還有「和而不同」的理論立場。其最終目的還在於對全部人類文化話語與觀念的抉發與會通。而且，錢鍾書會通人類文化話語與觀念現象時，總是以一個具有現代意識的中國人的身份來發言，把中國文化置於當代世界文化對話的語境之中，並發出「自己」的聲音、發現「自我」的價值。當然，這已經是一個在世界文化語境參照中的新自己、新自我。正如他在《中國固有的文學批評的一個特點》中所說：「好像孩子要看鏡子的光明，卻在光明裏發現了自己」。他以全部的著作對中國以至世界文化話語與觀念現象作出了現代詮釋，也爲中國文化在多元文化時代的發展作出了卓越貢獻。

錢鍾書所創闢的深刻而獨特的話語空間，在某種意義上已獲得了一種「哲學的突破」，即對人類文化與人生本質闡明了一種理性的認識，而這種立足中西的認識所達到的層次之高，前所未有。它使人們對中國傳統文化的內蘊、對人類文化的發展以及人生的基本意義都產生了新的認識。這種「哲學的突破」已經開始影響中國思想文化的各個方面，而且必將產生更為深遠的影響。正是這種「哲學的突破」，使錢鍾書當之無愧地躋身於文化大師、人類智者的行列，在中國現代文化史上豎起了一座永遠的豐碑。

如果錢鍾書只是學問家，只會讀書，做學問，那他就成不了智者，最多是一位傑出的學者罷了。眞正的智者，能超越於自己個體的利害得失，對整個社會始終懷有深切的關懷，始終不懈地追尋著終極價值。錢鍾書在精研古今中外文史哲典籍的同時，從沒放棄對社會人生這部大書的閱讀。他的智者風範正體現在與祖國命運的息息相關，體現在對聲名利祿的淡泊處之。

錢鍾書曾自述，《談藝錄》「雖賞析之作，實憂患之書也」。當時正值兵荒馬亂的抗戰年代，他在藍田師院執教之餘，寫下一半的書稿。返滬之後，卻遇上海淪陷。錢鍾書侍親率眷，兵罅偷生，處在一種「憂天將壓，避地無之」的境況之中，於是銷愁舒憤，述往思來，以發憤著書的精神完成了全書。而《管錐編》產生於中華民族歷史上又一艱危時期，堪稱又一部「憂患之書」。在那萬馬齊喑的十年浩劫中，在歷史上中原逐鹿的蒼涼大地上，在幹校那低矮昏暗的棚屋裏，錢鍾書以深廣的憂憤和學術的良心，開始了他對歷史、人生和社會的反思。《管錐編》是一部關於社會人生的大書，一切虛實誠僞，是非曲直，悲劇喜劇，正劇鬧劇，都在《管錐編》裏找到了注釋。它注釋了社會，注釋了歷史，注釋了人生，也注釋了現實。錢鍾書在歷史的沈默處發言，在歷史的喧囂處沈思，無論鑒古以明今，還是察今以知古，都不「隨世而輪轉」，事實是他唯一的依據，人格是他唯一的追求，眞理是他唯一的歸宿。他以理性與良知的明燈，照亮了社會陰暗的迷途。孕育於黑暗中的巨著，凝聚著錢鍾書對祖國傳統文化的深厚情懷，體現了他「眷戀宗邦，生死以之，與爲逋客，寧作累臣」的智者風範，顯示了作者「時日曷喪，清河可俟」的堅定信念。錢鍾書身上體現了中國知識分子的優秀部分與生俱來的品性：守住自己的精神園地，保持自己的個性尊嚴。在不易做到的情境中，錢鍾書做到了。

「大音希聲，大象無形」，絢爛之極而歸於平淡。儘管錢鍾書的聲譽蒸蒸日上，可他本人卻總是息影謝事，對蜂湧而來的盛譽，退避三舍，猶恐不及。他淡泊自守，埋首學問，並不是標榜什麼「桃李不言，下自成蹊」，而是幾十年學理、學養和人生閱曆的磨煉，早已讓他對身外的一切漠然置之，視爲累贅，有詩云：「凋疏親故添情重，落索身名免謗增」。只求杜門避囂，悠然於自己的學問境界。他曾說過，「大抵學問是荒江野老屋中二三素心人商量培養之事，朝市之顯學必成俗學。」有一次，一位英國女士在電話裏求見，他回答道：「假如你吃了個雞蛋覺得不錯，何必認識那下蛋的雞的呢？」這種對聲名的淡泊，正是錢鍾書人格力量與智者風範最現實的證明。

柯靈曾在《促膝閒話中書君》一文中，精闢而深入地概括了錢鍾書的學識和風範：

錢氏的兩大精神支柱是淵博和睿智，二者互相滲透，互爲羽翼，渾然一體，如影隨形。他博覽群書，古今中外，文史哲無所不窺，無所不精，睿智使他進得去，出得來，提得起，放得下，升堂入室，攬天下奇珍入我襟袍，神而化之，不蹈故常，絕傍前人，熔鑄爲卓然一家的「錢學」。淵博使他站得高，望得遠，看得透，撤得開，靈心慧眼，明辨深思，熱愛人生而超然物外，洞達世情而不染一塵，水晶般透明與堅實，形成他立身處世的獨特風格。

錢鍾書，這位「圍城」裏的智者，是二十世紀中西文化衝突的大背景下，湧現出來的一大批學術巨人中的傑出代表，是二十世紀中國貢獻於世界文化的一代宗師。他的辭世，標誌著中國古典文化的終結，標誌著一個時代的終結！寂寞身後事，千秋萬歲名，錢鍾書的英名早已鐫刻於中國現代文化史册，錢鍾書著作也必將成爲中國文化的永遠的經典。我們不能說錢鍾書是前無古人，但是否是後無來者呢？這樣的疑問使我們在對錢鍾書更生敬意之際，心中也不能不悄然而生深深的悵惘。

參考書目

一、作品

《錢鍾書集》（十三冊），三聯書店，2001。

《楊絳作品集》(三卷本)，中國社會科學出版社，1994。

二、專著

鄭朝宗：《海濱感舊集》，廈門大學出版社，1988。

[美]胡志德：《錢鍾書》，張晨等譯，中國廣播電視出版社，1990。

張文江：《營造巴比塔的智者——錢鍾書傳》，上海文藝出版社，1993。

胡河清：《真精神與舊途徑——錢鍾書的人文思想》，河北教育出版社，1995。

李洪岩：《智者的心路歷程——錢鍾書的生平與學術》，河北教育出版社，1995。

辛廣偉　李洪岩編：《撩動繆斯之魂——錢鍾書的文學世界》，河北教育出版社，1995。
牟曉朋　范旭侖編：《記錢鍾書先生》，大連出版社，1995。
范旭侖　李洪岩編：《錢鍾書評論》（卷一），社會科學文獻出版社，1996。
羅思編：《寫在錢鍾書邊上》，文匯出版社，1996。
李洪岩：《錢鍾書與近代學人》，百花文藝出版社，1998。
何暉等編：《一寸千思》，遼海出版社，1999。
沈冰主編：《不一樣的記憶》，當代世界出版社，1999。
李明生、王培元：《文化崑崙——錢鍾書其人其文》，人民文學出版社，1999。
李洪岩、范旭侖：《爲錢鍾書聲辯》，百花文藝出版社，2000。
許淵沖：《追憶似水年華》，三聯書店，1998。

三、文章

楊絳：《記錢鍾書與〈圍城〉》
楊絳：《幹校六記》
夏志清：《重會錢鍾書紀實》

水晶：《侍錢「抛書」雜記》
鄒文海：《憶錢鍾書》
李愼之：《千秋萬歲名，寂寞身後事》
鄭朝宗：《但開風氣不爲師》
吳忠匡：《記錢鍾書先生》
林子清：《錢鍾書先生在暨大》
孔芳卿：《錢鍾書京都座談記》
張建術：《魔鏡裏的錢鍾書》
王水照：《〈對話〉的餘思》
王水照：《記憶的碎片——緬懷錢鍾書先生》
范旭侖：《錢鍾書的性格》
鈕先銘：《記錢鍾書夫婦》
閔捷：《情牽攜手到白頭》
陳駿濤：《錢鍾書先生之眞性情眞人格》
烏爾沁夫：《走出「圍城」的錢鍾書》

李洪岩：《吳組緗談錢鍾書》
林耀椿：《錢鍾書在臺灣演講》
王立道：《《圍城》之交》
吳泰昌：《秋天裏的錢鍾書》
陳丹晨：《在錢鍾書寓所瑣聞》
張隆溪：《懷念錢鍾書先生》
關國煊：《愈隱而聲名愈顯的錢鍾書》

後記

薄薄的一册《圍城裏的智者——錢鍾書》終於寫完了，我卻沒有體會到爲之輕鬆的感覺，伴隨著我寫作始終的那種惴惴不安的感覺依然在心裏忽隱忽現。因爲我知道，自己並不是寫作錢鍾書傳記最合適的人選，這本小册子也沒有達到我理想中的目標，我之所以勉力完成了它，只是爲了圓自己心中的一個夢。

說起來，自己鍾情於「錢鍾書」已經快二十年了，算得上一個鐵杆「錢迷」吧。這二十年中，錢鍾書著作成爲我取之不竭的學術資源與精神資源，深深地影響了我的學術理念與學術道路。我曾經暗下決心，這輩子一定要寫一本《錢鍾書論》，一本《錢鍾書傳》。前者我算是完成了一半，我的博士論文可以說是半部《錢鍾書論》；而後者卻遲遲不敢奢想，也一直沒有機會來實現。因此，當欒梅健兄讓我爲陳信元、張堂錡先生策劃的「中國現代文學名家傳記叢書」寫一本錢鍾書傳時，我欣然應允，爲他們給了我這個「圓夢」的機會而喜不自禁。

但這種喜悅很快就化作了寫作的痛苦。應該說，我對錢鍾書的所有著作是頗爲熟悉的，單是《管錐編》、《談藝錄》就至少通讀了五、六遍，可對錢鍾書的生平交遊卻始終感到摸不著底，因爲這方面的資料嚴重不足。錢鍾書不喜歡人家說自己，更不喜歡自己說自己。現在我們所能見到的最詳細的錢鍾書傳記資料就是楊絳先生的《記錢鍾書和他的〈圍城〉》、《幹校六記》等著作，它們提供了不少第一手的材料，但錢鍾書生平資料方面還有很多「盲點」，比如錢鍾書在蘇州的桃塢中學的生活、在牛津和巴黎的那段生活、當年與陳衍等老輩學人的交往情況等等，都只是片羽吉光、不知其詳。即使有一些線索，也難以深入考掘。錢鍾書《石語》記錄了他與陳衍老先生的對話，提及民國二十四年石遺八十大壽，「置酒蘇州胭脂橋寓廬，予登堂拜壽」，這胭脂橋到底在蘇州的什麼地方，我就曾試圖尋訪，最後還是遍尋不著。這樣的事情並不意外，隨著城市建設的加快，大量的名人故址，也隨之消失。尤其像蘇州這樣的城市，近現代的名人故居遺跡實在太多，除了像章太炎這樣的大師的故居，還有所保存外，很多的故居遺址只得聽天由命，命運好一些的尚留一絲痕跡（比如蘇州干將路甫橋橋畔草地上就躺著一塊「金松岑故居」的石碑，金松岑四十年代後期在上海與錢鍾書交往頗爲頻繁），更多的則悄悄地消逝於歷史的時空而渺不可尋了。

在這樣的情況下，我只能依賴十分有限的公開出版的一些回憶文章、資料考證或傳記作品，尤其是楊絳、夏志清、吳忠匡、鄭朝宗、周振甫、范旭侖、李洪岩、水晶、王水照、張隆溪、陳駿濤等先生的大作借助尤多。因爲體例的關係，沒有能在文中一一注明，現在參考文獻中一併列出，在此表示最衷心的感謝。可以說，沒有了這些先生的大作，也就不可能有這本小書。這本小書與其說是我完成的，不如說大家共同完成的，我只不過起了一個「編著」之功。這是應該說明的和感謝的。

尤其想感謝的是周振甫先生，我從九十年代初即開始與周先生交往，得到周先生的不斷賜教。我曾向周先生彙報自己想寫錢鍾書傳的念頭，周先生寫來了長信，給予鼓勵，並回憶了他當年接編《管錐編》、《中國文學史》等有關情況，彌足珍貴。這封信寫於一九九九年，當時周先生的視力已大不如以前，寫信也須得借助於放大鏡，所以信上是越寫越小，幾乎也要借助於放大鏡才能看清。現在重讀周先生的幾十封信，眞是讓人十分感動。周先生已經駕鶴仙去，我願將此書敬獻給周先生，以此表達我的深切懷念。

因爲資料的嚴重匱乏，我在編寫的過程中，屢屢產生了畏難而作罷的念頭，但朋友們一直給我打氣。今年夏天，堂錡兄和文史哲出版社的彭正雄社長等人來蘇州，更給我很大的鼓勵。所以，我應該感謝堂錡、王堯、梅健諸兄及彭正雄社長、陳信元先生，沒有他們也就沒有這本書的誕生。我還要特別感謝南京大學的曾一果博士，他爲本書出力甚大，這本書也成爲我們友誼的見證。當然，我也知道，這本小書並沒有能達到《書系緣起》中所說的理想境界，我眞誠地希望得到方家的賜正。

寫完後記，遠處又幽幽地飄來沁人心脾的桂花的香味，淡雅可人、若有若無，秋天的感覺漸漸地近了。錢鍾書當年寫完《談藝錄》時，曾賦《秋懷》一首，我願以此結束這篇後記：

啼聲漸緊草根蟲，似絮停雲抹暮空。
疏落看憐秋後葉，高寒坐怯晚來風。
身名試與權輕重，文字徒勞計拙工。
容易一年眞可歎，猶將有限事無窮。

季進　二〇〇一年十月於東吳